2019年民族文字出版专项资金资助项目

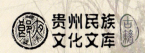

贵州民族
文化文库

布依族摩经典籍

摩当王经

杨芝斌　伍忠纲　译注

贵州出版集团
贵州民族出版社

图书在版编目（CIP）数据

摩当王经：布依文、汉文对照／杨芝斌，伍忠纲译
注. －－ 贵阳：贵州民族出版社，2020.11
（布依族摩经典籍）
ISBN 978 - 7 - 5412 - 2575 - 8

Ⅰ. ①摩… Ⅱ. ①杨… ②伍… Ⅲ. ①布依族 - 原始
宗教 - 贵州 - 布、汉②《摩当王经》- 译文 - 布、汉③《摩
当王经》- 注释 - 布、汉 Ⅳ. ①B933

中国版本图书馆 CIP 数据核字（2020）第 200524 号

布依族摩经典籍

摩当王经
MODANGWANGJING
杨芝斌　伍忠纲　译注

出版发行	贵州民族出版社
地　　址	贵阳市观山湖区会展东路贵州出版集团大楼
邮　　编	550081
印　　刷	贵阳精彩数字印刷有限公司
版　　次	2020 年 11 月第 1 版
印　　次	2020 年 11 月第 1 次印刷
开　　本	787mm×1092mm　1/16
字　　数	200 千字
印　　张	10
书　　号	ISBN 978 - 7 - 5412 - 2575 - 8
定　　价	88.00 元

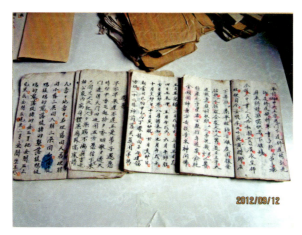

摩经局部与铜鼓

祭祀场景

序

周国茂

摩经是布依族传统信仰仪式上演唱的经典。摩经卷帙浩繁,内容丰富,是布依族重要的非物质文化遗产,是研究布依族历史文化的珍贵文献。摩文化典籍包括传统的祭祀仪式上吟诵的摩经和用来选择吉祥日期、吉祥方位等的书籍(即择吉书)。截至目前,在贵州、云南和四川布依族三个土语区中,都发现有摩文化典籍,其中以摩经数量最为丰富。

摩经曾经历了漫长的口耳相传历史。大约从唐宋时期开始,部分掌握了汉字的祭司布摩以汉字作为记音符号,并借用汉字偏旁部首,按六书造字法创制方块文字符号,加上部分抽象符号,形成布依族方块古文字体系,用来记录摩经。摩经的传承方式由原来的口耳相传变成口耳相传与书籍文献相传并行的形式。到明清时代,由于汉语学校在布依族地区普遍开设,懂汉语识汉文的布依族人大量增加,用方块布依古文字记录摩经成为一种更加普遍的现象。

尽管摩经的出现已经具有悠久的历史,摩经成为用文字记录的典籍文献也有一千多年历史,但长期以来,外界对摩经的"庐山真面目"一直无从知晓。20世纪初开始,国内外民族学、人类学家以及传教士就开始进入布依族地区,开展调查研究。大夏大学吴泽霖和陈国钧在对贵州布依族丧葬习俗的调查过程中,发现布依族民间存在用"汉字"记录本民族宗教"术语咒诀""录成经典,转相传授"的现象,但没有对其内容进行研究。进入云南丽江的外国传教士除

了搜集到纳西族古文字外,还在布依族村寨发现布依族古文字典籍,并将其与纳西族古文字一起带到了美国,原件现存于美国哈佛大学博物馆。中华人民共和国成立后,1956年开始对包括布依族在内的少数民族开展社会历史调查,在对布依族的调查中包括了布依族摩经等方面的古文字典籍文献。但由于受"左"的思想影响,这类典籍文献被视为封建迷信,在翻译整理过程中大多刻意抹去其宗教信仰痕迹,将其作为民间文学直接翻译为汉语文本。

20世纪80年代初,布依族古文字典籍文献的搜集、翻译和整理工作重新开始。中国民间文艺研究会贵州分会、贵州省民族研究所和各市、州、县(区)民族工作部门和文化工作部门组织民族工作者和文化工作者开展布依族古文字典籍文献搜集翻译整理,一些文化工作者和布依学研究人员也进行了这方面的调查、搜集、翻译和整理工作。从20世纪80年代初开始,贵州省布依族聚居的各县(市)有关机构便着手对布依族摩经文献古籍的发掘和抢救,翻译整理并陆续出版了一批摩经。但是,与分布广泛、卷帙浩繁的摩经数量相比,已经整理出版的摩经只是其中的一小部分。贵州民族出版社推出的这套"布依族摩经典籍"系列意义重大,为少数民族非物质文化遗产的传承和保护搭建了一个平台,为贵州的文化建设做出了积极贡献,功莫大焉!

摩经可分为两大类,一类是用于丧葬超度仪式的经典,称为"殡亡经",也译为"殡亡经""殡凡经""古谢经""砍牛经"等;另一类是用于祈福、驱邪、禳灾仪式,称"解绑经"。其中用于丧葬超度仪式的经文又可分为超度正常死亡者的经文和超度非正常死亡者的经文。每一类经典中都包含若干经文篇目,篇目数量和名称各地不尽相同,但经文内容大同小异,反映了布依族摩经的传承性与变异性。

摩经是以韵文体形式呈现的,主要为五言体,兼有七言体和杂言体。可以说,摩经是布依族传统民歌的集萃。从内容看,摩经包含了自远古至近现代各个时代的作品。根据宗教史研究成果,人类宗教的发生可以追溯到旧石器时代中晚期。这也就是说,摩经中的作品最早可以追溯到旧石器时代,或者宽泛一点说,叫作远古时代。那些直呼神灵名称,发出祈求或驱逐命令的祈祷词和咒语,那些反映射日、洪水泛滥以及万物起源等内容的神话或史诗,那些反映王权争夺的史诗,那些古老传说,都是比较久远时代遗留下来的作品。其他的经卷则是相对后起的作品。每个经卷作品的断代,要根据其内容等要素综合进行。

摩经由不同时代不同性质的作品组成,积淀了各个时代丰富的历史文化信息,是"百科全书"式的珍贵文献,具有多方面的重要价值。

第一是文学方面的价值。摩经是典范的布依族韵文体作品,主要为五言句式,间有七言、杂言句式;作品大多来自民间文学,部分为布摩创作,包括了神话、传说、故事、祈祷词等。表达方式有抒情,有叙事。音韵铿锵,想象大胆、丰富,叙事作品在写景、刻画人物形象等方面均有可圈可点之处。

第二是哲学、宗教等方面的价值。摩经中的作品包括了神话和远古传说,其中还有祈祷词和布摩为传达信仰崇拜观念编创的作品,反映了布依族先民对宇宙万物和纷繁世界的认识和理解,反映了布依族的宇宙观和世界观,对研究布依族的哲学和宗教观念具有重要意义。由于摩经中反映出了佛、道二教的因素,因此也是研究布依族与汉族乃至印度佛教文化交流的重要资料。

第三是历史学价值。摩经收录了各个时代布依族民间文学作品,虽然没有明确的时间界限,但它积淀了不同历史时期的历史事件、生产、社会生活状况和民俗文化事象,结合其他历史文献和考古发掘,可以从中发现很多珍贵资料,复原布依族历史和文化史。

第四是道德伦理观念的研究价值。摩经中反映了布依族对社会成员之间如何相处、互动的基本规范,尤其是子女对父母、父母对子女、夫妻之间、女婿与岳父母之间、姑家与舅家等的行为准则,都是弥足珍贵的。

第五是语言文字学研究价值。摩经记录了古代布依语,对于研究布依语语音、词汇和语法的变化等,具有重要意义。同时,摩经借用汉字,主要用借音、部分借义方式,并按照汉字六书造字法,利用汉字偏旁部首新创,形成记录"殡亡经"的一套文字体系,对研究布依族古文字有重要意义。

此外,摩经中有大量关于不同民族的记载,因此,也是研究布依族与其周边民族之间的关系和文化交流传播、研究布依族天文历法等的重要资料。

可以说,摩经是布依族百科全书式的珍贵资料,对研究布依族历史文化乃至百越、西南民族历史文化等均具有重要参考价值。

由于各方面的原因,本系列书搜集和翻译整理采取"各自为政"的方式进行,这使得各个翻译整理本在体例、翻译整理风格和质量、水平等方面都不尽相同。尽管存在这样那样的问题和遗憾,但在摩经卷帙浩繁而经费、翻译整理队伍严重不足、很多作品得不到及时搜集、翻译和整理,摩经面临失传的情况下,把其中重要的作品抢救性地翻译出版,让更多的人认识和了解其"庐山真面目",为进一步全面搜集和翻译整理,做了最好的基础性工作,其价值和意义不可估量。

2020 年 4 月 22 日

注:作者系贵阳学院教授、贵州省布依学会副会长、贵阳市布依学研究会会长。

前 言

《摩当王经》是布依族摩活动中最重要的经书之一，是布依族祭祀习俗中诵读的经文。布依族几乎是全民信摩，摩活动的经文分为两大类，一类是丧葬仪式使用的经文，俗称"大摩经"。另一类是解禳祈福、驱鬼降妖、请仙迎神的经文，俗称"小摩经"。布依族灵魂观认为，人去世后其灵魂要么升天归到祖宗那里，成为这个家族的祖宗神，还有可能成为"天官"；要么坠入黑暗、阴冷的游魂世界，成为无家可归的孤魂野鬼。《摩当王经》属于大摩经，是为亡灵举办升天仪式"殡亡"时主要诵读的经文。布依族的"殡亡"有的地方叫"古谢"，有的地方叫"古夜王"等，仪式过程诵读的经文大同小异，其文化内涵类似汉文化的超度仪式。诵读的摩经绝大部分是用"布依方块字"记录，个别地方也有少量翻译成汉文的经文。本书除《叫礼经》翻译成汉文外，其余都是用"布依方块字"记录的经文。

摩经过去是报摩即摩师通过师傅对徒弟口耳相传的，摩师将经文记于心，诵读时全凭摩师的记忆。由于是口耳相传、仅凭记忆，所以各地的仪式过程和经文不尽统一。近代学界研究认为布依族摩文化在宋代可能进行了一次统一，由于布依族没有自己统一的文字（汉文献上称布依族是只有语言没有文字的民族，但通过近年来的考古和研究，布依族是有古文字的民族，而且产生的年代较早。笔者对布依族服饰上的图纹进行研究，也发现有近百个图纹，这些图纹具备了文字的音、形、义的要素，所以可以认定是"布依古文字"。由于布依古文字没有统一规范，没有全面推广应用，所以外界不知道，族内很多人也不清楚，造成了布依族没有文字的错误结论），所以对摩经进行统一时约定采用汉字记音。选择发音相同或者相近的汉字对布依语记音，没有相同或者相近的汉字来对应的布依语就由书写者自己创造符号记音，即自创文字，这样一套记音符号近代学者称为布依方块字。当时只规定用汉字记音，没有统一规定用哪个汉字记布依语的哪个音,由摩师在书写时自行选择。由于同音和近音汉字很多,不同的书写者对同一个音就出现选择不同的汉字来记音的情况,甚至同一个书写者用不同汉字记同一个布依语语音的情况也比比皆是,这样造成了自己书写的摩经只有自己会识读的情况。每个使用摩经的摩师都要从师傅那里抄写一套摩经自用,在抄写过程中错抄、漏抄情况非常普遍,所以在摩师队伍里有这样一句话:Xibngih Baus legdoz,sel mol gogt hoz byaail miz hoz,意思是摩经都是祖师布洛陀传下来的,不同的人抄写出现错误在所难免,但基本内容是相同的。由于摩文化渊源久远,且受到不同时期外来文化的影响,各地都不同程度地吸收了外来文化,特别是吸收了道教文化和佛教文化。有的把道教文化和佛教文化的内容翻译成布依语,用布依方块字记录,镶嵌到原来的布依族摩经里,难以辨认哪些是原来的布依族摩经内容,哪些是吸收了外来文化的摩经内容。当然通过认真研究也是可以分辨的,但必须是高水平的摩经研究专家才有能做到。现在不少学者认识到布依族摩文化的研究价值,纷纷涉足摩文化的研究和对摩经的翻译。但一些学者缺少摩文化的基础知识,往往找到一部摩经就请一位摩师翻译,把摩师翻译的内容简单记录下来,整理后出版发行。这些专家不要说辨别摩经里哪些是布依族世世代代传承的摩文化,哪些是吸收外来文化后改编了的摩经,就是摩经里的一些基本内容都经常搞错。如有一本摩经,把祭祀经里常见的一句经文"拜郎本报雅"错误翻译为"阳世的夫妻到天上还是夫妻"。这一句经文的意思是亡灵到天上与祖宗住在一起。造成这种错误的原因是译者不懂得这里的"报雅"是祖宗神"报雅达"的简称,把"报雅"一词理解为夫妻二字所致,使得译文与原义相差甚远。

　　这部《摩当王经》是摩师卢开忠收藏本。卢开忠是镇宁布依族苗族自治县马场镇人,是一个摩班的首席摩师,他祖上多代都是摩师。他这个摩班在镇宁布依族苗族自治县、关岭布依族苗族自治县、贞丰县的布依语第一、二土语区很有名,每年都要承接操办多起殡亡仪式。这部摩经是他祖上传下来的,基本上没有吸收外来文化,其中有不少地方的内容有精简,主要是重复诵读的部分只保留一遍。可能是殡亡仪式时间缩短所致。过去殡亡仪式通常是操办五天到七天,现在一般是只操办三天到五天,为适应时间缩短的需要做了一些精简。目前翻译出版的大摩经虽然有几部,但都是殡亡仪式的部分经文,还没有一部完整的殡亡经出版。这部摩经包含了整个殡亡仪式的主要经文,是目前收集整理较为完整的殡亡经之一。

这部《摩当王经》从 2014 年起我们就组织了以首席摩师卢开忠为首的几个摩师共同讨论，对经文逐字逐句进行翻译，后又请对摩经有研究的专家进行了三次研讨，2018 年又组织部分摩师和专家再次逐字逐句研究，最后形成初稿。初稿又请伍忠纲先生和郭堂亮先生进行两遍校译。笔者认为这些艰苦、细致、认真的工作使本书翻译的正确率大大提高。当然布依族摩经的翻译难度很大，不足之处在所难免，还望专家学者们不吝赐教。

这部摩经有很多具有研究价值的内容，有的内容其他版本没有出现过，有的内容与其他版本不同，值得深入研究。为方便读者了解这些内容，这里把部分内容做一个简要介绍。

一、在布依族摩经里第一次出现"过去经文是记录在简牍上"

学界普遍认为，布依族摩经是在宋代形成和统一的，在本书的 gueh jeex singl*（"谷姐心"）里有简牍经书和纸版经书的描述，说明布依族摩经最晚也是在东汉蔡伦造纸（近现代考古发现西汉初年就有麻造的纸）之前就已经形成。

原经文：偷 你 七 卜 胎	直译：你们这遇先生
布依文：Sul nix xabt buxdais*,	意译：你们遇先生，
偷 你 七 买 思	你们这遇买书
Sul nix xabt zeix* sel.	你们遇到先生带摩书。
偷 你 七 卜 胎	你们这遇先生
Sul nix babt buxdais*,	你们遇先生，
偷 你 七 买 沙	你们这遇买纸
Sul nix babt zeix* sal.	你们遇到先生带纸钱。
六 甲 六 翁 六 洪 六 贵	六甲六翁六洪六贵
Rogt gegt* rogt hongl* rogt wongz* rogt guis*,	六甲六翁六洪六贵[1]，
十 二 报 六 驼	十二布洛陀
Xib ngih Baus legdoz. [2]	布洛陀及十二个弟子。
墓 板 定 枚 乃	摩板钉不得
Mol baanx*[3] dingl* miz ndaix?	摩板钉没有？
墓 偷 定 去 乃	摩你们钉就得

---

①六甲六翁六洪六贵是布依族始祖布洛陀十二个弟子中四名弟子的名字。
②xib ngih Baus legdoz（十二布洛陀）指布洛陀有十二个弟子，不是指有十二位布洛陀。
③mol baanx* 即摩板就是木简牍或者竹简牍的经书，说明是使用简牍的时代。

前言

Mol sul dingl* jis* ndaix,	摩书你们钉就行。
墓　板　钻　枚　乃	摩板钻没得
Mol baanx* mbuangs* miz ndaix?	摩板钻没有？
墓　偷　钻　去　乃	摩你们钻就得
Mol sul mbuangs* jis* ndaix.	摩书你们钻就行。
四　高　徒　偷　你	四角字你们这
Sis gaul duez* sul nix,	四个角的这个字,
偷　你　四　本　之	书这四本书
Sel nix sis benc* sel,	这里的四本书,
八　高　徒　偷　你	八角字你们这
Beedt gaul duez* sul nix.	你们拿的简牍八个角的字。
偷　你　八　本　之	书这八本书
Sel nix beedt benc* sel,	这是八本书,
偷　你　九　本　私	书这九本书
Sel nix guc benc* sel.	这是九部书。
私　板　定　枚　乃	书板钉不得
Sel baanx*① dingl* miz ndaix？	书板钉没有？
私　偷　定　去　乃	私你们钉就得
Sel sul dingl* jis* ndaix,	摩书你们钉就行,
私　板　解　枚　乃	私板钻没得
Sel baanx* mbuangs* miz ndaix,	书板钻开就行,
私　偷　解　去　乃	书你们钻就得
Sel sul mbuangs* jis* ndaix.	摩书你们钻开就行。

前一段中的摩板说明摩经是记录在简牍上,下一段中的书板说明摩经是按完整的书籍体例记录的,不是单独的一块一块写有摩经的木板或竹板,而是编串成一捆(册)的经书。

这一段说遇到摩师买书买纸,虽然看不出所说的书是简牍还是纸质的,但是接下来就明确说书是简牍,说明摩师买纸是另做它用。因为举行殡亡仪式要书写很多条幅和画很多画,这里摩师买纸是用来书写条幅和画举办摩仪式

---

①sel baanx* 即书板与前面的摩板相同,就是木简牍或者竹简牍的经书,说明是使用简牍版经书的时代。

用的画。

这一段描写摩师们带的摩经是摩板,即木简或竹简,而且明确问这些摩板钉了没有? 钻孔没有? 捆绑了没有? 这是第一次在布依族摩经文献里出现简牍,同时又提到买纸,说明已经出现了纸,但是摩经还在使用板即简牍。这是纸和简牍同时使用的时期。按照历史资料,纸是东汉蔡伦所造(近现代考古发现西汉初年就有麻造的纸),后来简牍逐渐退出历史舞台,所以这部摩经描述当时摩经的书是简牍形式,同时摩师又去买纸,说明时间是在纸已经出现、但简牍还在使用的时期,也就是说最晚是东汉以前。这也说明布依族的摩经成书最晚也是东汉以前,比人们猜测的宋代早得多。

经文中说不同的简板上分别有四个字、八个字、九个字,将相同字数的简板捆成一本书。摩经都是诗歌体,可能是一句诗写在一块简牍上,四个字的可能是四言诗、八个字的可能是八言诗、九个字的可能是九言诗,这与现代经书完全相同。

摩始祖布洛陀、乜六呷有十二个弟子,这十二个弟子的名字在不同版本的摩经中不相同,多数用六甲、六乙、六丙、六丁、六戊、六己表示,这显然是在不知道确切名字情况下用天干的字代替。这个版本明确写了四个人的名字即六甲、六翁、六洪、六贵。虽然没有介绍全,但是这些文字资料已经很珍贵了。

二、摩经中第一次出现天神的名字

布依族摩经中对神、仙和妖都统称为 singl*(心),没有具体的名字,这个版本有两个天帝派来的天神,一个叫仲音,另一个叫仲岜,这在摩经中是第一次出现神的具体名字。布依语的岜即是雷,仲岜即是雷神,是能量最大的天神。音不知道是什么神,待考。

| 洪 | 哈 | 仲 | 音 | 老 | 浪 | 卡 | 皇叫仲音大帮杀 |

Weangz haec Zongs yingl lox* langl gac,　　天帝派仲音①神来帮杀鬼,

| 洪 | 哈 | 仲 | 岜 | 浪 | 让 | | 皇叫仲岜帮捆 |

Weangs haec Zongs byac langl laamh*.　　天帝派仲岜神来帮捆鬼。

三、描述人类从洞居转入木建筑居

这一段是描写人类从山洞走出来在外面修建住房的过程。拿芦苇做房子的柱子,用葛藤来捆绑柱子,拿芭蕉叶来盖房顶。但是一下雨,雨水就从芭蕉

---

① 仲音及下句的仲岜,人名,布依族传说中的神。

叶间的缝隙流下来,一出太阳芭蕉叶就被晒卷起来。这一段真实地描写了原始社会人类的生活状态。

秀　困　未　少　言	从前还造房
Xeeuhgoons fih zox* raanz,	前世还不会建房,
好　孬　我　谷　朝	拿芦苇做柱
Aul faix ngaux gueh saul.	拿芦苇做柱子。
好　高　孟　妈　下	拿葛藤来绑
Aul gaulmogt* mal laaml*,	拿葛藤来捆绑柱子,
好　用　八　妈　汉	拿蕉叶来盖
Aul yongl* baz* mal hangz*,	拿芭蕉叶来盖房顶。
分　到　来　八　食	雨下流缝蕉叶
Wenl dauc lail ruec* rueh*,	雨水从蕉叶缝流下,
栏　若　来　八　又	太阳流芭蕉叶卷
Ndigt rol* lail baagt* rous*.	太阳出来蕉叶卷。

四、点明殡亡仪式的砍牛祭祀习俗是谁开的先河

殡亡仪式的砍牛祭祀习俗是谁开的先河?其他版本的摩经都没有介绍,但是多数摩师们都异口同声说是布洛陀和乜六呷开的先河,只有这个版本明确说不是布洛陀和乜六呷开的先河,而是布甲兴起的。

堂　朋　没　浪　习	全世界不拴黄牛
Dangzbeangz miz laams* xiez,	世人不拴黄牛,
儿　门　妈　浪　习	儿你来拴黄牛
Leg mengz mal laams* xiez.	你儿来拴黄牛。
秀　困　未　王　读	前世不砍牛
Xeeuhgoons fih wag* duez,	前世不兴砍牛祭祀习俗,
巴　拉　妈　所　你	哪个来兴这
Buxlaez mal xioz* nix?	哪个来兴砍牛祭祀习俗?
报　六　托　未　少	布洛陀未叫
Baus legdoz fih yeeuh,	布洛陀没有叫砍牛祭祀,
乜　六　甲　未　少	乜六呷未叫
Meeh lohgaab fih yeeuh.	乜六呷没有叫砍牛祭祀。
秀　困　耕　呆　文　诺	前世吃死人肉

Xeeuhgoons genl daail wenz noh,　　　　古代猿人吃人肉，

儿 假 炎 见 思　　　　　　　　　　　布甲见痛心

Leg jac samh* jiagt sleh*.　　　　　　　布甲①看了痛心。

砍 野 牛 代 替　　　　　　　　　　　拿野牛来代替

Aul duezxiez mal deis*,　　　　　　　　砍野牛代替父母给野人吃，

带 极 里 王 读　　　　　　　　　　　从此兴砍牛

Dais jiz* nix wag* duez.　　　　　　　　从此兴砍牛祭祀习俗。

　　其他版本没有说明是谁兴起砍牛祭祀习俗，但是多数摩师们都异口同声说是布洛陀和乜六呷开始兴起砍牛祭祀习俗。这个版本明确说不是布洛陀和乜六呷开始兴砍牛祭祀习俗，而是 Bux jac（"布甲"）开砍牛祭祀习俗的先河。笔者认为这个版本的观点比较正确。由于布洛陀和乜六呷是布依族的人文始祖，布依族古人认为，天下一切都是布洛陀和乜六呷教化的，所以人们砍牛代替父母身躯给野人吃也应该是布洛陀和乜六呷教化的。但是布洛陀和乜六呷这两位布依族的人文始祖在布依族的信仰体系里是仅次于 Genz mbenl（"更门"）即"天神"，所以它们只教人们神秘的、深奥的、新的东西。野人吃人肉，这在远古时代的"习俗"，要改变这个"习俗"，那是人们自己的事，不是神的责任。

　　……

　　本书在译注过程中，译注者以辩证唯物主义思想为指导，应用民族学、语言文字学等方法进行译注，弃其糟粕，取其精华，旨在让读者更深层地了解布依族文化。在译注中做了如下处理：一是收入本书的经文主要流传在贵州省安顺市镇宁布依族苗族自治县布依族聚居区一带，属于布依语第三土语区，在第三土语区，布依语的声母有 sl、hr 声母，本书在译注过程中，使用标准音的 s、h 声母，未使用 sl、hr 声母，读者在阅读过程中可以根据实际语音对照拼读；二是布依语第三土语区与标准音有严格语音对应关系的词语书中规范使用标准语语音，反之，用第三土语的土语词，并在土语词后面上标"*"标示；三是由于摩文化的神秘与深奥，加上摩经原文所用的"布依方块字"很难识读，所以本书除了给一些句子、一些词语加上注释外，还给一些段落加上了注释，希望通过这些注释，更好地帮助读者理解、了解原文的意思。

①Bux jac，人名，即布甲，布依族神话传说中聪明、能干的年轻后生。

特别需要说明的是,这部摩经的影印件原件是由贵州省镇宁布依族苗族自治县八河寨老摩师卢开忠(78岁)收藏。据卢开忠介绍,这部摩经是他爷爷传给他父亲,他父亲又传给他的。此书现在收藏于镇宁布依族苗族自治县布依族博物馆。此书在"摩当"篇结束后有"天运乙未年冬月印"的落款。据相关资料分析"天运乙未"应该是1859年,距今已有161年历史,是目前发现年代比较久远的一部布依族摩经典籍。特别珍贵的是这部典籍是目前发现的摩经中唯一的刻印版本。各地收集到的摩经很多,但都是手抄本。按照这个版本进行"殡亡"活动通常要七天时间,最少也要五天时间。中华人民共和国成立后,"殡亡"活动通常只进行三天时间,最多也就五天时间,所以卢开忠及其徒弟们就在此版本上进行一些删简,形成了现在实际操作的版本。本书是根据删简的版本进行译注的,但考虑到母本的权威性和珍贵性,所以将母本作为附件进行影印。

译注者

2019 年 12 月 22 日

布依族摩经典籍

摩当王经

目　录

MOL JAUC/头经

Mol jauc（"摩教"）的 mol（"摩"）即摩，jauc（"教"）即头，mol jauc 即头经、第一部经，是布依族殡亡仪式诵读的第一部经文。这一部经文有的叫 mol kaux（"摩考"）、mol wenx（"摩稳"）、mol menl（"摩闷"）等，有的译为秘咒经。这一部经文的主要特点是由首席摩师在灵房里默诵。

民间对这一部摩经有这样一个极其神秘色彩的传说。传说这一部摩经如果被在世的人听到，在世的人的灵魂就会被送到天上去，人就会昏迷不醒，如果不及时把灵魂接回来，人就会死去。所以摩师只能默诵，不能读出声音。笔者认真的研读了不同地区、不同摩班的几部"摩教"经，并没有发现有什么神秘的内容。

布依族祭祀经有两个体系，不同体系的标识以头经的第一句内容作区别。不同家族祭祀仪式使用的摩经体系是不同的，所请的摩班使用的摩经必须与这个家族使用的摩经体系相同，如果摩经体系与家族体系不同就不能用。所以过去请摩师时事主与摩师都要互相问清楚。当然近代很多摩师不知道这个规矩，只要有人请就去，现在民众知道这个规矩的人更少，只要请到摩师就行。

其实祭祀经的第一句的区别就是人类是先学会建房还是先学会用火。这部祭祀经第一句是：Xeeuhgoons fih zox* raanz 即前世未造房。另外一个体系祭祀经的第一句是：Xeeuhndux fih zox* fiz 即前世未造火。笔者对后续的仪式和经文做了深入研究后，发现两个体系大同小异，并没有原则性区别，不知道前人为什么要做这样的规定。

这一部 Mol jauc 经主要有几个内容：一是描述远古时期人类祖先住岩洞、住森林。后来学建房，用芦苇来做柱子，拿葛藤来绑柱子，拿芭蕉叶来盖房顶，下雨它会漏，刮风就很冷。这很真实地描述了原始社会人类的生活状态。

二是祖先去向别人学建房技术。走进汉族人寨、向汉族人学习建房技术，走进朋友家，朋友来帮忙，30 个朋友送建房材料过田坝，40 个亲戚送建房材料到家。这一段经文有两个重要的文化信息，第一个信息是在原始社会时期布依族居住区域为多民族杂居;第二个信息是那时汉族的建房技术比布依族的建房技术高。同时也印证布依族是一个好学、开放,兼收并蓄的民族。从另外一个角度也说明这一部经书的真实性,不是为了说明自己民族的先进性、什么都说自己民族是最好的。

三是解释祭祀仪式对亡灵的重要性。布依族人去世了就要举行祭祀仪式,送他(她)上天界,去和祖宗在一起。如果祭祀了亡灵,亡灵到天上就可以当"天官"、做神仙。亡灵到天上当了"天官"、做了神仙,就可以保佑其子孙后代家庭幸福安康。

原经文:秀　困　未　少　言　　　直　译:从前还造房
布依文:Xeeuhgoons fih zox* raanz,　　意　译:前世还未造房,

好　孬　我　谷　朝　　　　　　拿芦苇做柱
Aul faix ngaux gueh saul.　　　　拿芦苇做柱子。

好　高　孟　妈　下　　　　　　拿葛藤来绑
Aul gaulmogt* mal laaml*,　　　拿葛藤来捆绑柱子,

好　用　八　妈　汉　　　　　　拿蕉叶来盖
Aul yongl* baz* mal hrangz*,　　拿芭蕉叶来盖房顶。

分　到　来　八　食　　　　　　雨下流缝蕉叶
Wenl dauc lail ruec* rueh*,　　雨水从蕉叶缝流下,

栏　若　来　八　又　　　　　　太阳流芭蕉叶卷
Ndigt rol* lail baagt* rous*.　　太阳出来蕉叶卷。[1]

而　五　拜　本　骂　　　　　　儿叫去乡外
Leg haec bail beangz mdiagt*,　　叫儿去外乡学建房技术,

———————————

[1]这一段是描写人类从山洞走出来,在外面修建住房的过程。拿芦苇做房子的柱子,用葛藤来捆绑柱子,拿芭蕉叶来盖房顶。但是一下雨,雨水就从芭蕉叶间的缝隙流下,太阳一出来,芭蕉叶就被太阳晒卷起来。这样的房子根本就不能居住,所以以下一段是描写叫儿(指去世者的儿子,下同)出去学习建房技术的过程。

而　五　拜　卡　怀
Leg haz* bail gaail waaiz,

儿人去卖水牛
儿把牛赶去卖，

怀　养　乱　拜　卡
Waaiz raanz luaml* bail gaail.

水牛家乱去卖
家里的牛也拿去卖。①

好　庶　面　儿　拜
Ox* xos mbidt* leg bail,

饭装竹篾盒儿去
饭装在竹饭盒儿带走，

占　　金　银　庶　照
Zaangs* jiml nganz xoz zongh*,

称金银放口袋
称好金银装在口袋走，

太　言　拜　礼　鲁
Daic raanz bail zeiz* lo.

哭家去这啰
哭着这就出家门啰。②

拜　堂　用　堂　尔
Bail dangz roongh dangz labt,

去到亮到黑
从白天走到晚上，

拜　堂　板　堂　言
Bail dangz mbaanx dangz raanz.

去到寨到家
走到某个寨里的人家里。

拜　硐　板　补　班
Bail dos* mbaanx Buxbaangl,

去落寨班人
去到班人③的寨子，

拜　堂　言　卜　哈
Bail dangz raanz Buxhas④.

去到家汉族
去到汉族人家。

---

①叫儿子去卖牛作外出学习的盘缠，家里养的牛虽然舍不得卖，但为了学习别人的建房技术，也得把牛卖了。
②这一段描写儿准备出去学习的情景。收拾好行囊，装好金银，带好饭盒，哭着出门。因为是第一次出门学习，所以担心害怕，出门时是哭着走的。虽然缪缪几笔，但生动形象地描写一个人第一次外出学习时忧虑、恐惧的心情。
③班人是当时的一个少数民族，现在这个少数民族已经消失了。
④buxhas 汉族、汉族人。

善 哈 了 上 言   见汉族拉上房

Ranl Has los* henc raanz,①   看见汉族人在修建住房,

汉 因 班 下 半   关靠壁就成

Habt qyinh* banx* jih* banz.   把木板装上就成了住房。

五 堂 五 散 好   别到别说话

Mbiagt* dangz mbiagt* gaangc haaus,   别人到了汉族寨就聊天,

而 门 堂 枚 好   儿你到无话

Leg mengz dangz miz haaus.   你儿到了汉族寨不聊天。

五 堂 五 草 冉   别人到别人就坐

Mbiaht* dangz mbiagt* jiz* nangh,   别人到了汉族寨就坐着,

而 门 堂 枚 冉   儿你到不坐

Leg mengz dangz miz nangh.   你儿到了汉族寨不坐着。

洪 达 上 达 世   手摸上摸下

Fengz sens* genz sens* lac,   儿用手到处摸,

颜 太 冒 而 妈   颜夹冒儿来

Yaanz*② gaab mos* leg mal.   儿把颜夹在冒子上回来了。③

达 遮 乜 孬 怀   自买母斑竹

Gah zeiz* meeh faixweez*,   儿买来大斑竹,

---

①los* henc raanz("了上言")就是立柱,即把串好的排柱拉起来。下句的 habt("汉")即关闭;qyingh*("因")即靠上,banx*("班")即木板。意思就是把排柱立好了,再把加工好的木板装上,住房就成了。

这三句说的是到了汉族寨子,正好遇到汉族人正在立住房,看到他们把排柱拉起来,装上木板,就成了住房。

②yaanz*("颜")即建房的技术资料。Gaab("太")即夹,布依族过去把重要的东西通常都藏在帽子里。这一句描写儿子学成准备回家,为了保存好建房技术资料,他把建房技术资料夹在冒子上带回来了。

③以上几句对布依族人的性格描写入木三分,其他人到了汉族寨就夸夸其谈,说这说那,就坐下休息、与主家聊天。布依族后生到了不说话,也不坐下来休息、与主家聊天。他东摸摸、西量量,把房屋的尺寸、建房的技术记了下来。

达　遮　拜　孬　我　　　　　　　自买尖芦苇
Gah zeix* byaail faixngox*.　　买来芦苇尖①。

庶　地　养　而　妈　　　　　　　买基房儿来
Zeix* deis* raanz leg mal,　　　儿回家就去买地基,

而　德　到　妈　而　　　　　　　儿带到来这
leg dez daaus mal nix.　　　　　儿急忙去看地基。

薄　世　笑　亦　哈　　　　　　　父高兴就给
Boh aangsreul jiz* haec,　　　父亲高兴了就给钱建房,

乜　世　笑　亦　宋　　　　　　　母高兴就送
Meeh aangsreul jiz* songs.　　母亲高兴就给钱建房。②

拜　算　作　卜　由　　　　　　　去拜访苗族
Bail sens* zueh* Buxyouz*,　儿去拜访苗族人③,

卜　由　到　宋　柳　　　　　　　苗族转送麻秆
Buxyouz* daaus songs liuh*④.　苗族人回送麻秆。

拜　算　作　卜　龙　　　　　　　去拜访布农
Bail sens* zueh* Buxnongz,　儿去拜访布农人⑤,

卜　龙　到　宋　往　　　　　　　布农转送晒布
Buxnongz daaus songs mbaangh*.　布农人回送晒布。

①小伙子学会了如何建房,回到家就去买大斑竹和芦苇,准备修建房子。
②这一段描写儿子学成归来,买地基准备修建住房。儿带父母去看地基,父母都很满意,都同意给钱建房。
③儿去拜访苗族人,即去向苗族人学习建房技术。
④liuh*即麻秆,用来点火,做火把的材料。过去晚上出门只有靠点火把照明,所以照明的材料麻秆是最好的东西,因此麻秆经常被作为礼物赠送。
⑤布农人,指布依族的另一个支系。

拜 算 作 同 半

Bail sens* zueh* dongzbaanx①,

去拜访结拜兄弟

儿去拜访结拜的兄弟,

同 半 到 宋 拜

Dongzbaanx daaus songs bies*.

兄弟回送风箱

结拜的兄弟回送风箱。②

排 娄 文 小 言

Baizndux wenz nis raanz,

从前人小房

以前人们的住房面积小,

请 文 朋 约 扬

Raiz* wenz bongz* qyol* raanz.③

请人来起房

请大家来帮修建住房。

三 十 德 堂 硐

Saaml xib dez dangz dongh,

三十带到坝

三十人帮扛材料到田坝④,

四 十 宋 堂 言

Sis xib songs dangz raanz.

四十送到家

四十人帮送材料到家。⑤

达 利 邓 而 挑

Dah ndil dams* leg sec*,

河这淹儿挑

儿到河里挑水,

善 于 好 卜 老

Sec* songh* ox* buxlaaux,

挑煮饭老人

挑水来煮饭给老人吃,⑥

---

①dongzbaanx 即结拜兄弟。

②这一段描写儿子确定在这里买地基准备修建住房后就去拜访周边的朋友,周边的朋友都很支持他在这里修建住房,作为邻居,纷纷赠送他礼物。这表明在原始社会贵州就是多民族杂居的地方且民族之间友好交往,互相学习、互相帮助,有的还结拜为兄弟。

③上一句的 raanz 即房子用"言"记音,这一句的 raanz 即房子用"扬"记音。同一个音用不同的字记录,说明了布依族摩师记录经文的随意性。

④指帮主人家扛建筑材料。下句的送,指帮主人家抬、拉建筑材料。

⑤这一节描写古人修建住房的热闹场面。修建住房历来都是人类的大事,必须得到大家的支持帮助才能完成。从开篇到此是与亡灵回顾人类发展的历程,以住房为例,过去没有住房,儿子去学习修建住房的技术,回来后才开始修建住房。

⑥前一句记录挑水的挑字用"挑"字,后一句记录挑水的挑用"善"字,这种情况在经书中经常出现。从这两句起转入送亡灵升天的内容。按照布依族的丧葬仪式,人去世后第一件事就是大孝子去挑水来给老人煮 ox* kaux* saul*("哦考梢")即衣禄饭和洗脸洗身。

卦 纳 五 世 云
Sois nac haaul seil* yins*.

洗脸白出游
老人脸洗净了好出门。

半 养 又 了 沟
Fah qyaangx qyus fengz gul,

把刀在手我
我①手提法刀，

半 养 妈 骂 沟
Fah qyaangx mal mbas gul,

法刀来肩我
我肩扛法刀，

沟 草 法 劳 林
Gul cas* wah* lauz linz.

我跳法式啰林
我开始做法事了。②

水 儿 闷 门 少
Sois legmbegt mengz dauc,

洗女儿你来
洗由你③的女儿来，

少 约 聪 约 射
Dauc luos* zongl* luos* sois.

来边冲边洗
来给你边冲边洗。④

了 才 巧 儿 本
Ndaix haaus jaus* legbeangz,

得话夸全世
社会上都在夸奖你女儿，

达 才 问 儿 外
Daz* zangz* wegt* legwoic*,

好话传全民
赞扬的话大家都在传，

---

①我，指摩师。
②这一节描写摩师举行送亡灵升天仪式，手拿经书，肩扛法刀，默诵经文，跳送神驱鬼舞。
③你，指去世者。
④这两句用"水"字和"射"字记录同一个读音即洗。由于抄写经文的人用了两个不同汉字记录同一个音，所以很多人搞不清楚是什么意思。

达　才　玉　儿　外
Daz zangz* nyiel legbeangz.

好话听全民
听到大家都在说好话。①

七　月　时　难　止
Xadt nguad xez ndedt zez*,

七月时太阳大
七月天最热，

时　你　时　难　令
Xez nix xez ndedt mbingh*.

时这时太阳红
此时太阳辣。

门　拜　汉　坐　更
Mengz bail hams* xos genz,

你去盖放上
你②去盖上面的房顶，

见　纳　坝　了　门
Jiadt nacbas liaux mengz.

痛脑门了你
你头疼发烧。

门　拜　汉　坐　拉
Mengz bail hams* xos lac,

你去盖放下
你去盖下面的房顶，

盖　占　相　枚　占
Gec* xabt xiangl* miz xabt,

正遇而不遇
正遇而不遇，

占　甫　你　处　妈
Xabt buxnix daaus mal,

遇这人回来
遇这人③回来，

占　干　长　定　到
Xabt gedt* zangz* daaus dauc.

遇安网回到
遇到安网人回来。④

①这一段经文非常难理解，能正确诵读的人不多，主要是用于记音的汉字经常出现在其他地方，而这些字在其他地方的读音和意思与这里的都不同。如 leg beangz("儿本")、legwoic*("儿外")其他地方指儿子，这里指全世界、全天下。而且这里的 ndaix haus jaus*("了才巧")是一个词组，就是得了夸讲、赞扬。同样 daz* zangz* wegt*("达才问")、daz* zangz* nyiel("达才玉")都是赞扬的话、羡慕的话，把组成词组的三个字拆开来就无法表达其意。这一段经文是对上一段经文去世者儿女们去挑水来煮衣禄饭供奉亡灵、给亡灵洗身的赞美。
②你，指去世者。
③这人，暗喻指病魔。下句的安网人喻指遇到了病魔缠身。
④这一段描述亡灵生病是因为积劳成疾，而不是做坏事才生病。布依族灵魂观认为，讲清楚生病的原因对死者非常重要，正常死亡者其灵魂就可以升天，到祖宗那里，非正常死亡者其灵魂就不能升天。

好　旦　乃　亦　宗
Ox* daagt* ndaix jix* siunl*,

谷割得满园
满园的谷子成熟了，

见　了　桑　难　门
Jiagt ndiaul* saangl laaml* mengz.

痛了高捆你
你病得很严重，

占　又　门　乃　甫
Xabt rous* mengz ndaix bux.

遇接你得人
你遇到来接你的人①。

心　惰　熊　耕　老
Xingl* dos* xoongz genllauc,

仙打桌吃酒
神仙制作桌子喝酒，

老　朋　熊　耕　老
Lox* banz xos genz xoongz.

你成在上桌
你入席喝酒。

好　骂　朵　阿　门
Aul masdos* haec mengz,

拿果花给你
拿水果和鲜花给你，

暴　正　尔　埃　耕
Box* zens* ndeix* ndaix genl.

保证你得吃
保证你衣食无忧。②

好　盖麻　茫　到
Ox* gas mal mbaanx* doh*,

谷子来麻布晒席倒
谷子倒在席子上，

荣　高　高　困　地
Yongz gaul gaul guns deih*,

羊角地角管土地
地角的肥羊你管好，

亦　盖　门　困　好
Jix* gais mengz guns ndil,

这鸡你管好
家里的鸡你要管好③。

MOL JAUC

头经

①遇到来接你的人，指遇到来接你到阴界的神仙，即你无法回避死亡。

②这一段描写亡灵参加阴界神仙为它举行的欢迎宴会，神仙把它接到阴界后，举行宴会欢迎它。那里有水果、鲜花，说明用鲜花祭祀亡灵的习俗布依族早已有之，不是舶来品。这里虽然寥寥数语，但充分描述了汉文化和布依族文化在死亡观念上的差距。汉文化的死亡观认为，死亡是非常痛苦、恐怖的。阎王爷派审判官带着小鬼，拿着生死簿来抓人。到阎王殿后，通过严格审查，最后做出宣判。布依族灵魂观认为，是上天派神仙来接亡灵，用美酒佳肴、鲜花果实招待，而且向亡灵保证它在天上会衣食无忧。

③这是摩师在向亡灵"移交"亡灵的财产。

地　世　拜　亦　妹
Deih* ndil bail jiz* meis*,

地好去高兴（笑嘻嘻）
这块地很好你就高兴地去吧，

地　世　未　的　丁
Deih* ndil ndaix dil* dinl*.

地好得喜欢
这块地很好你会很喜欢。

五　信　登　信　难
Qyih* singx* dianl* singx* ndedt,

让椁这椁向阳
让这椁（棺椁）向阳，

难　信　登　信　难
Ndedt singx* dianl* singx* ndedt.

向阳椁这椁向阳
太阳照着这墓地。①

丁　骂　堂　夺　凤
Dianl* mal dangz duezfongq,

这来到凤凰
凤凰来到这里②，

当　妈　保　令　丙
Dagmal bos* leh* beangz.

公狗保护你
恶狗保护你③。

要　外　坝　你　门
Aul os bas nix mengz,

要歪嘴这你
你的墓地朝向阳，

甫　盖　到　令　内
Buxgais dos* leh* ndil.

公鸡退都好
用公鸡来解囊就全部好。④

水　儿　忌　令　内
Nangh legjieh* leh* ndil,

坐（埋）女儿都好
安葬这里女儿样样好，

水　儿　哉　令　内
Nangh legsaail leh* ndil.

坐（埋）男孩都好
安葬这里儿子样样好。

————————————

①布依族土葬式棺材外面有椁，"椁"布依语叫"信"，当地汉族叫"井"。按照布依族的风水理论，墓地要向阳，所以告诉亡灵墓地是向阳的，是一块风水宝地。
②墓地周围的地形像凤凰。
③墓地周围的地形像狗。
④这是向亡灵介绍它的墓地情况，有凤来护、有狗来保。如果有什么犯忌之处，用公鸡来解囊就万事大吉。从这里可以看出布依族古代的风水理论与汉文化的风水理论是有区别的，汉文化的风水理论讲的是青龙白虎，而布依族的风水理论讲的是凤凰神犬。

汉　令　到　别　怀
Has* leh* dos* bieh* waaiz,

所有回像水牛
所有好东西像大水牛那样回家来，

宗　怀　来　令　到
Soongl waaiz ndaix leh* dauc.

两水牛得都回
所有好东西像两头大水牛回家来。①

私　又　了
Sel qyus leeux,

诗有了
书有了，

牙　又　斗
Yaz qyus ndux,

巫在前
摩师在跟前，

银　又　斗
Nganz qyus daux*.

银在前
银子②在跟前。③

仲　宗　文　妈　走
Zongs* soongl wenz mal xux,

放两人来接
让两人去接摩师，

拜　堂　板　堂　言
Bail dangz mbaanx dangz raanz.

去到寨到家
去到寨子去到家。

拜　硐　满　甫　班
Bail dogt* mbaanx Buxbaangh*,

去落寨班人
去到班人寨，

拜　堂　言　甫　哈
Bail dangz raanz Buxhas.

去到家汉人
去到汉族人家。

冒　坝　浪　枚　劳
Mbos* bas nagt miz nauz,

小伙嘴重不说
小伙子嘴笨不说话，

牙　坝　冒　汉　困
Yaz mbaul mbos* hams goons.

嘴轻小伙问先
摩师先开口问。

---

①把去世者安葬在风水宝地后，儿女们就会样样都好，运气、财富，所有好的东西就像大水牛那样涌进家来。

②摩师的报酬已经给了。

③这一段是事主请摩师，摩师告诉大家，他来了，摩经也带来了，银子（酬劳）也得到了。下一段就是描述去请摩师的过程。

到　好　麻　宗　冒　　　　　　　转回问来两小伙
Daaus hams mal soongl mbos*,　　回话嘛你们两个年轻人，

德　思　妈　汉　坝　　　　　　　拿书来问嘴
Dez sel mal hams bas ?　　　　　问他们是不是来找摩经？

达　牙　妈　汉　贤　　　　　　　男巫来问话
Das* yaz mal hams zamz*.　　　摩师来问话。①

了　勾　乃　汝　冒　　　　　　　知我得年轻
Rox gul ndaix rux* mbos*,　　你们知道我吗年轻人，

里　盘　十　思　勾　　　　　　　这成十书我
Nix banz xib sel gul,　　　　　我②这十部经书，

汉　才　凡　内　太　　　　　　　早和晚好哭
Hadt langl hamh ndil daic.　　就是超度老人去世的经书。③

洪　凡　呆　麻　并　　　　　　　那晚死来超度
Hec* hamh daail mal bingl*,　那晚去世了请我④去超度，

人　老　呆　麻　并　　　　　　　老人死来超度
Buxlaaux daail mal bingl*,　　老人去世了来超度。

并　哈　盘　郎　法　　　　　　　超度给成后发
Bingl* haec banz langl faf,　超度了后辈发达，

并　哈　盘　富　贵　　　　　　　超度给成富贵
Bingl* haec banz fuqguiq.　　超度了后辈富贵。

①这一段描述两个年轻人去请摩师的过程。两个年轻人很老实，到了摩师家也不说话，是摩师主动问两个年轻人。这形象地描写了农村年轻人不善言辞的特点。在布依语中摩师一词早的时候叫牙(yaz)，后来摩理论逐渐完善，有了经文和统一的仪式，有了师承，所以就把从事摩活动的人称为布摩。由于布摩都是男性，所以又称为报摩。把从事摩活动的女性称为亚牙(yahyaz)。这部经书比较早，所以又称摩师为牙。下一段是摩师向两个年轻人作自我介绍。

②④我，指摩师。

③老人去世了儿孙们早晚都要哭丧，这里用"早和晚好哭"表示祭祀的重要性，是布依族语言表达的艺术，不直言，但听者能自明。

并　哈　盘　马　贵
Bingl* haec banz max goih,

超度给成马骑
超度了得马骑,

并　　哈　利　妈　浪
Bingl* haec ndil mal langl.

超度给好来后
超度了后辈生活好。

老　令　乃　谷　光
Laaux ndil ndaix gueh guangh*,

老好得做神
亡灵在天上成神,

章　　浪　旦　卜　墓
Zaangz* langl danc beah mos,

到后穿新衣
到了天上穿新衣,

旦　布　墓　么　用
Danc beah mos mal ruaml*.

穿新衣来现
穿新衣出来。

老　拜　平　梭　心
Laaux bail banz jins* sinh*,

老去成上仙
亡灵去成仙,

老　枚　愿　到　妈
Laaux miz yangh daaus mal.

老不愿回来
老人不愿意回来。①

文　完　机　完　你
Wanz* nix jih* wanz* nix,

今天就今天
今天就是来超度的日子,

完　你　妈　并　们
Wanz* nix mal bingl* mengz.

今天来超度你
今天来超度你②。

儿　门　浪　更　婵
Legmbegt langl genz saangh*,

女儿跪上高
女儿跪灵后,

---

①这一节是摩师告诉大家为什么要给亡灵超度。这是因为给去世的老人举办祭祀仪式,老人就会保佑后人升官发财、平安幸福。

②你,指去世者。

儿　思　浪　那　机　　　　　　　儿子跪下灵牌
Legsaail langl lac jiz*.　　　　　儿子跪灵前。

坝　老　亦　有　内　　　　　　　媳大也在内
Baix laaux yieh qyus ndael,　　　长媳已经在这里，

坝　年　亦　有　内　　　　　　　媳二也在内
Baix ngih yieh qyus ndael,　　　二媳也在这里，

坝　三　坝　四　有　内　　　　　媳三媳四在这
Baix saaml baix slis qyus ndael.　三媳四媳都在这里。

完　你　妈　并　门　　　　　　　今天来并你
Wanznix mal bingl* mengz,　　　今天来超度你，

儿　浪　跪　盘　窝　　　　　　　孙儿跪成堆
Leglaanl guih* banz bongs*.　　　孙子们跪成排。①

汝　作　又　看　敖　汝　衣　　　知名在讲你知听
Rox zoh* qyus gaangc ngauz* rox nyiel,　超度你的名字你会听见，

卜　太　约　银　妈　走　门　　　先生敲铜鼓来接你
Buxdees* qyiol* nyinz mal xux mengz.　摩师敲铜鼓来接你。

门　呆　儿　妈　并　　　　　　　你死儿来殡
Mengz daail leg mal bingl*,　　　你去世儿来超度，

并　门　哈　盘　累　　　　　　　超度给儿成好
Bingl* haec leg banz ndil.　　　超度后家庭就吉祥。

保　十　坝　当　马　　　　　　　保十百公马
Box* xib bas dagmax,　　　　你保佑家有千匹公马，

①这一节告诉亡灵，今天来超度它，亡灵的孝子贤孙们都来为它超度了。

保　哈　坝　当　怀　　　　　保五百公水牛
Box* hac bas dagwaaiz,　　　你保佑家有五百头公水牛，

保　十　来　儿　耐　　　　　保儿孙重孙
Box* leglaanl legleis*.　　　 保十代儿孙顺利。

罪　儿　门　盘　文　　　　　教儿你成人
Soonl leg mengz banz wenz,　 让你儿事业有成，

哈　拜　耕　去　秀　　　　　让去吃几辈
Haec bail genl jic xeeuh.　　 让后辈有吃有穿。

罪　儿　门　富　贵　　　　　教儿你富贵
Soonl leg mengz fuqguiq,　　　让儿孙富贵，

哈　盘　光　去　秀　　　　　让成官几辈
Haec banz gengl* jic xeeuh.　 让世代当官。

秀　丹　秀　谷　丑　　　　　代到代做官
Xeeuh dangz xeeuh gueh sais,　代代得做官，

甫　丹　甫　谷　光　　　　　人到人做官
Bux dangz bux gueh guangl*.　 人人都当官。①

那　方　困　那　坝　　　　　田方管田坝
Naz waangl* guns* naz dongh, 那些田坝你去管，

洪　太　困　州　那　　　　　你是管州那
Mengz daic guns* zouy hanx*. 那些州②城你去管。

---

①这一段是描写儿孙们祭祀亡灵的过程。摩师代表亡灵送给祭祀的儿孙们吉祥语。
②州，指虚拟的州，这里指地方。

应　你　堂　儿　由　　　　　带你到这游
Yingx* mengz dangz leh* youz.　　　带你到处游玩。

州　你　堂　儿　困　　　　　州这到你管
Zouy nix dangz leh* guns*,　　　这个州由你管，

应　你　堂　儿　了　　　　　带你到这了
Yingx* mengz dangz leh* liaux.　　带你到处去看看。

那　你　堂　儿　困　　　　　田这到你管
Naz nix dangz leh* gens*,　　　　这田由你管，

应　用　儒　保　全　　　　　带样会保全
Yingx* yings* rox bos* liaux.　　你管的东西都要清楚。①

于　得　妈　儿　门　　　　　这带来儿你
Nix dez mal leg mengz,　　　　你儿得的好处，

马　蜡　又　州　府　　　　　来下在州府
Mal lac qyus zouyfuj,　　　　　你下来到州府，

保　哉　保　丑　保　花　界　　保孙保这保江山
Bos* laanl bos* nix bos* fah* gail*,　就要保佑子孙后代发财，

谷　苗　炎　江　言　　　　　做庄稼粮食满房
Gueh meeuz ox* riml raanz,　　　保佑子孙粮食满仓，

在　丑　浪　成　相　　　　　官接后成宰相
Saic* xux langl banz xiangs*.　　保佑后代当宰相。

---

①这一段是把亡灵送到了天上，摩师对亡灵说明它在天上所管辖的地盘以及亡灵的地位、权限。这就是布依族"二殡亡"的目的。通过给亡灵"二殡亡"，亡灵到天上就是"官员"，就有"管理"的地盘和相应的权限。布依族灵魂观认为，通过给亡灵"二殡亡"，亡灵在天上"当了官"，就会给儿孙们带来好处。下面就是描述儿孙们会有哪些好处。

盖　毕　新　隔
Gais bidt riml gaml[*],

鸡鸭满笼
保佑后代鸡鸭满笼，

吉　马　半　伙
Xiez max banz hox[*],

牛马成群
保佑后代牛马成群，

金　凡　新　贵
Jiml nganz riml gvih,

金银满柜
保佑后代金银满柜，

好　新　于
Ox[*] riml yiz[*].

粮满仓
保佑后代粮满仓。①

①反复提醒亡灵在天上成仙后要保佑自己的子孙后代。

MOL JIS HONGL/主祭经

　　Mol jis* hongl("摩去风"),汉语译为主祭经。在"赶鬼场"举行砍牛祭祀的殡亡仪式以后,其他客人就场散了,各回各家,但孝子孝媳及其直系子孙和来参加砍牛祭祀仪式的女婿(布依语叫 nol* goiz("奎糯")、女儿及其直系子孙后代还要回灵堂前进行祭祀。孝子孝媳祭祀叫主祭,其经文叫 mol jis* hongl("摩去风")即主祭经。孝婿孝女祭祀叫婿祭,其经文叫 mol jis* goiz("摩去奎")即婿祭经。

　　布依族的祭祀有主祭和婿祭两种,在祭祀时有的是主祭和婿祭分开进行,先主祭后婿祭,有的是同时进行。同时进行祭祀仪式时,孝子孝媳及其直系子孙跪在灵堂前的左面,主祭的供品摆放在灵堂的左面。孝婿孝女方及其直系子孙跪在灵堂前的右面,供品摆放在右面。主祭和婿祭若同时进行有儿子儿媳与女儿女婿对献祭品的"比拼"的意思,也有双方摩师"比拼"经文诵唱水平的意味,很是热闹。

　　首先由主祭的摩师班集体诵唱一段经文,接着女婿方请来的摩师班集体诵唱一段经文,此起彼伏。双方摩师诵唱经文的音质音量、抑扬顿挫的表现水平等都是人们的评价内容。

　　"摩去风""摩去奎"虽然角度不同,但经文的意思大同小异,总的意思是:老人在世时,对儿女无微不至的关怀,恩重如山,儿孙永远牢记;老人去世了,与儿女从此永别了,如经文中所唱诵的那样"想相见,除非梦中来相见,想相逢,除非梦中来相逢";"今天你去世了,儿女们来为你举办祭祀仪式;用牛、羊、猪、鸡、鸭、鱼、糖、果来祭你,为你来诵经,为度你亡灵;神仙来接你,接你去天上;你去得成仙,神仙就是你;你要保佑你的儿、女,让儿、女们幸福安康"。

　　将《主祭经》里的"儿"改成"女"就成为《婿祭经》,所以这里就不把《婿祭经》收入书中,避免重复。

手　　门　　又　　O　　更　　　　　主　你　在　方　上
Weangz[①] mengz qyus bies[*] genz,　　　神主坐上方，

因　　邓　　桑　　汉　　了　　　　　靠　停　三　早　了
Qyingl[*] dengs[*] saaml hadt liaux[*].　超度你[②]三天了。

你　　门　　又　　O　　方　　　　　这　你　在　吉　方
Nix mengz qyus bies[*] huangl,　　　你坐在吉位，

因　　门　　旦　　本　　保　　　　　靠　你　到　世　新
Qyingh[*] mengz dangz beangz mos.　超度你到新世界。

宗　　草　道　亦　因　　　　　两　竹　得　这　靠
Soongl suaih[*] dez nix qyingh[*],　你依附在这两棵竹子[③]上，

音　　门　旦　本　平　　　　　靠　你　到　世　界
Qyingh[*] mengz dangz beangzbingz[*],　超度你去新世界，

身　　心　到　亦　好　　　　　身　魂　到　地　方　好
Ndaangl wanl[*] dangz jiz[*] ndil.　灵魂去新世界。[④]

云　　四　告　浪　门　　　　　铜　鼓　敲　为　给　你
Nyingz slaangh[*] goh[*] langl mengz,　为你敲铜鼓，

---

①weangz，原义指王、皇、首领、部落酋长、主等，这里指神主。

②你，指去世者。

③竹子，指用于祭祀的尖部留有竹叶的竹子。

④此段内容较复杂、较难懂，很多摩师读不通。这一段经文是告诉亡灵，主事家已经超度它三天，现在是最后的祭祀仪式，相当于亡灵的子孙后代来作最后的告别。这里的 qyingh[*]（"靠"）就是形象地描写亡灵的灵魂正靠在那里接受祭祀、等待超度。Soongl suaih[*] dez nix qyingh[*]（"宗草道亦因"）就是用两棵竹子做亡灵的牌位，亡灵的灵魂就依靠在牌位上接受子孙们的祭祀和超度。

阿　半　　定　浪　门
Nanglbaangx dingl* langl mengz,

皮鼓打给你
为你打皮鼓，

定　　于　过　浪　门
Dingl* nix yues* langl mengz.

敲锣这为给你
为你敲铓锣。①

汉　更　公　募　梅
Hams* genz yuangl* mos miz?

盖上供新不
桌上供品都是新的吗？

汉　雷　公　梅　卦
Hams* nix gongy miz gvas?

盖这供没过
盖子盖的供品供过没有？

王　言　干　梅　仲
Faangz raanz gec* miz zongs*?

鬼房这不留
祭祀的供品留在灵房没有？

止　段　可　劳　万
Zez* duadt* gul nauzweanl②,

此时我诵经
此时可以诵经了，

可　劳　万　你　劳
Gul nauzweanl nix nauz,

我诵经这诵
这就开始诵读经文，

可　劳　万　道　你
Gul nauzweanl dos* nix.

我诵经次这
这次可以诵读经文了。③

正　尔　旦　儒　尔
Zens* nix dangs rox nix,

轮这到知这
这一轮经文诵读到这里，

①开始祭祀前要先敲铜鼓、皮鼓、铓锣等。这一句就是告诉亡灵，开场锣鼓已敲响，现在开始举行祭祀仪式了。
②nauzweanl 原义指说歌、唱歌，这里指诵经。
③此段经文是摩师问执事，祭祀的供品都摆放好没有？若是摆放好了就开始诵读经文了。

凡　乃　三　君　坐
Wanz* ndaix saaml jins* zongs*.

天得三遍放
今天要诵读完三遍。

丹　少　门　拜　叉
Dangs* yeeuh sul bail xac,

段叫你们去等
这段叫你①等一等,

劳　你　门　亦　倾
Nauz nix mengz jih* nyiel.

说这你就听
说这些你就听。

旦　儒　尔　如　兰
Dangz runs* nix rox langl,

到轮这知后
诵读到这轮就知道后面,

浪　礼　汉　了　舞
Langl ndil habt liauxhaz.

后好关了哈(语气词)
诵读完后面就结束了哈。②

更　闷　十二　邓　马
Genzmbenl xibngih dagmax,

天上十二公马
天上有十二匹公马,

邓　了　哈　门　长
Dag laez haec mengz zaiz*.

公哪给你跑
这匹公马给你骑。

更　闷　十二　买　娘
Genzmbenl xibngih maixsloh*,

上天十二姑娘
天上有十二个姑娘,

盆　门　选　娘　了
Suiz* mengz leeh* maiz laez,

随你选姑娘哪
任你挑一人,

布　于　到　奢　哈
Buxlaez dogt* jiz* haec.

哪个落就给
选中谁就给。③

里　然　仲　哈　坝
Nix raanz zongs* haec baix,

这房留给媳
这房子留给儿媳,

---

①你,指去世者。下同。
②主祭婚祭通常是两组摩师轮流诵经。
③这一节告诉亡灵,天上什么都有,地上的东西就留下给儿女,不要带到天上。布依族的灵魂观认为,灵魂在天上生活就像在阳世一样,但是到天上后与在阳世时的妻子就没有任何关系,要重新娶妻子。

里 然 哈 盖 儿　　　　　这房给儿们
Nix raanz haec gez＊leg,　　这房子留给儿子,

哈 时 门 谷 领　　　　　给时你做领
Haec xez mengz gueh linx＊.　给你的祭品你来领。

耕 恒 了 堂 用　　　　　吃一夜到亮
Genl wangz＊hraul＊dangz roongh,　吃祭品一晚到亮,

汉 土 长 内 播　　　　　早供到孝子
Hadt dox＊dangz legbos＊,　早祭是孝子,

好 读 母 去 门　　　　　拿猪祭你
Aul duezmul jidt＊mengz.　拿肥猪祭你。

耕 恒 了 堂 用　　　　　吃一夜到亮
Genl wangz＊haul＊dangz roongh,　吃祭品一晚到亮,

荣 盖 母 去 门　　　　　羊鸡猪祭你
Yongz gais mul jidt＊mengz.　羊猪鸡祭你。

耕 恒 了 堂 下　　　　　吃一夜到黑
Genl wangz＊haul＊dangz labt,　吃祭品一天到黑,

耕 恒 了 堂 用　　　　　吃上了到亮
Genl huangh＊haul＊dangz roongh.　吃祭品一晚到亮。

耕 老 儒 诰 为　　　　　吃酒会 什么
Genllauc rox guehweis＊?　为什么要喝酒?

耕 应 保 富 贵　　　　　吃饱保富贵
Genl ims box＊fuqguiq,　喝了保佑子孙富贵,

· 22 ·

耕 为 保 了 秀
Genl weiz* box* leeux xeeuh.

吃了保一辈
喝了保佑子孙一生顺利。

耕 应 拜 邓 闷
Genl ims bail genz mbenl,

吃饱去上天
吃饱好升天,

邓 论 堂 井 恒
Ndenh* lens* dangz jih* henc.

站立到就上
站立起来向上爬。①

而 五 枚 劳 闷
Legmbegt miz nauz mengl*,

女儿没说悄悄话
女儿还没有讲,

而 门 妈 劳 堂
Legmbegt mengz mal nauz dangz.

女儿你来说到
到女儿来讲。

作 勾 堂 盖 汉
Lianz* gul dangz gais hangl*,

昨我到鸡叫
我②昨天睡到鸡叫,③

单 布 白
Danc beah haaul,

穿白衣
晚上梦见穿孝衣,

单 布 令
Danc beah ndingl,

穿衣红
梦见穿红衣,

布 盆 单 布 翁
Bunz* banz danc beah hongl*.

做梦穿衣绸缎
梦见穿绸缎衣服。

拜 作 歪 弄 老
Bail xos faix ndongl laaux,

走向树森林大
梦见走入大森林,

①此节描写孝子孝媳用各种供品祭祀亡灵的情景。
②我,指去世者的女儿。
③下面的句子是女儿在哭诉,也就是哭灵。

拜　上　歪　弄　风

Bail hauc faix ndongl hongl*.

走进树森林枫树

梦见走进枫林里。

堂　　将　达　偷　入

Dangz jaangl dah sul ruez,

到中河你们船

梦见坐船到河中，

散　　　炎　喊　达　约

Sangh* ranl ramxdah dil* ros*,

看见水坝漏

梦见水坝漏，

枚　文　纳　　懂　约

Miz wenzlaez dongh* rueh*.

没哪人堵漏

没有人去堵水。

勾　汉　过　勾　困

Gul hams gvas gul laaul,

我问过我怕

我问过（请人圆梦）我害怕，

勾　入　呆　勾　困

Gul rox daail gul laaul,

我知死我怕

我知道你去世了我害怕，

勾　乃　勾　拜　太

Gul ndaix gul bail daic.

我得我走哭

我哭着去看老人。①

言　中　三　　而　哉

Raanz jaangl saaml legsaail,

家中三男孩

家有三个儿子，

朝　风　汉　谷　呆

Zoz* wengl* hams* gueh daail.

被锦盖做死

用锦被盖好了你②。

言　四　五　而　坝

Raanz sis hac legbaix,

家四五媳妇

家有四五个儿媳妇，

---

①女儿做了个噩梦，梦见老人穿新衣服，梦见水坝漏水了没有人去堵，知道这个噩梦预示老人要去世，故非常害怕。做了这个不祥之梦后，女儿边哭边来到娘家。

②你，指去世者。

见 旁 风 谷 太
Jianh* bangz wengl* gueh daail.

块布锦做死
用裹布裹好了你。

以 要 登 汉 法
Nix aul dinl hams* fax*,

就拿脚盖被
拿被子把脚盖好了,

勾 药 云 浪 门
Gul qyol* nyingz langl mengz.

我举铜鼓送你
我击铜鼓送你。①

勾 落 妈 落 妈
Gul loh* mal loh* mal,

我边来边来
我边走边来,

勾 妈 堂 见 害
Gul mal dangz jiangl* hees*,

我来到垭口
我来到垭口,

工 浪 云 浪 下
Guangh* langl nyingz ndangl* qyax*.

皮鼓和铜鼓响声
听到铜鼓声和皮鼓声。

勾 屡 下 好 岩
Gul lous* lac ox* ngaaiz,

我热下早饭
我热好早饭,

岩 过 将 弄 墓
Ngaaiz gvas bail nangc mos.

午饭过去蒸新
午饭过了再做新的饭。

弄 并 老 拜 平
Ndongl bings* laaux bail bingz*,

林坪大去坝
来到森林坝,

勾 落 妈 落 妈
Gul loh* mal loh* mal,

我边来边来
我边走边来,

————————————

①女儿一路哭着到家里后,看到兄、弟、嫂、弟媳们已经给父母"穿戴"好了。去世者女儿先敲三下铜鼓哀悼父母。下一段是女儿哭诉奔丧的过程。

勾 妈 堂 坐 达　　　　　我来到坝河
Gul mal dangz sos* dah,　　　我来到河坝上,

勾 妈 堂 动 那　　　　　我来到坝田
Gul mal dangz dongh naz,　　我来到田坝,

占 中 押 达 并　　　　　遇两妇女放鸭
Xabt soongl yah daez bidt.　　遇到两个放鸭的妇女。

勾 落 妈 落 妈　　　　　我边来边来
Gul loh* mal loh* mal,　　　我边走边来,

勾 妈 堂 旁 墓　　　　　我来到边井
Gul mal dangz baangx mbos,　我来到井边,

好 三 若 拜 达　　　　　大米漏去河
Ox* saaml rueh* bail dah,　　大米漏入河里,

勾 信 作 妈 言　　　　　我对直来家
Gul dois xoh mal raanz.　　　我直接来到家。①

工 云 马 旦 占　　　　　皮鼓铜鼓来吊灵堂
Gongs* nyingz mal daz* saanh*,　皮鼓铜鼓吊灵堂,

慢 未 少 梨 梨　　　　　帐围暖和和
Maangh* lis* xiox* ndil ndil.　帐布围成的灵堂很温馨。

养 比 信 花 用　　　　　神刀尖升子口上
Qyaangx byaail xingh* wal* yios*,　摩师的神刀立中间,

---

①此段描写女儿急匆匆奔丧的情景。

门　汤　用　喃　抵
Menzdangl yongh naamh dil*.
芯灯用泥抵
油灯的芯用泥巴固定。

把　老　乙　门　内
Baix dazidt mengz ndil,
媳大一你好
大儿媳对你好孝顺，①

东　好　盖　门　耕
Dagt ox* bens* mengz genl,
舀饭喂你吃
舀饭喂你吃，

妈　半　父　勾　劳
Mal buangs* fos* gul nauz,
来靠膝我说
来靠在我②的膝盖听我讲话，

当　拜　凡　当　凡
Dangz bail wanz* dangz wanz*,
到去天到天
去了一整天，

乜　拜　本　共　花
Meeh bail beangz gogtlaag*,
母去地方根
母去祖先来的那地方，

门　呆　又　完　里
Mengz daail qyus wanz* nix,
你死在今天
你去世在今天，

勾　并　门　硬　悶
Gul bingl* mengz henc mbenl,
我超度你上天
我超度你上天，

门　基　拜　更　悶
Mengz jis* bail genz mbenl.
你就去上天
你就去天上。

文　心　妈　走　门
Wenz singl* mal xux mengz,
人仙来接你
神仙来接你，

文　心　升　金　门
Wenz singl* jingl* jianl mengz.
人仙牵手你
神仙牵你走。

①从这一段开始是摩师诵读经文。这一段摩师告诉亡灵："我来送你上天，神仙来接你，神仙牵你走。"
②我，指摩师。

耕 糯 仲 儿 门
Genl noh zongs* leg mengz,

吃肉留儿你
好肉留给你儿，

耕 巴 仲 儿 门
Genl byal xios* laanl mengz.

吃鱼留孙你
活鱼留给你儿。

拜 乃 老 耕 于 仲 儿 门
Bail ndaix lauc genl yieh zongs* leg mengz,

去得酒吃也留给儿你
去得酒也留给你儿，

拜 乃 给 累 于 仲 儿 门
Bail ndaix gez* ndil yieh zongs* leg mengz.

去得个礼也留给儿你
去得礼物也留给你儿。

拜 州 乃 梁 马
Bail xul ndaix legmas,

去城得水果
去城里得水果，

于 仲 妈 儿 门
Yieh zongs* mal leg mengz.

也留来你儿
也留给你儿。

拜 下 乃 姑 世
Bail laez ndaix gol sleih*,

去哪得棵甘蔗
去哪里得甘蔗，

于 仲 妈 儿 门
Yieh zongs* mal leg mengz.

也留给儿你
也留给你儿。①

而 令 成 O 女
Leg nix banz ndaangl nix ?

儿这成身这
你这是排行第几？②

门 呆 拜 盘 王
Mengz daail bail banz faangz,

你死去成鬼
你去世成神，

---

①这一段摩师以儿女的口吻述说父母在世时的养育之恩、舐犊之情。父母不论得到什么好的东西都要留下给儿女。这一段很多人都误读为亡灵上天以后许给儿女的好处。

②儿女们来祭祀时按从大到小顺序进行祭祀，到哪个儿女祭祀时摩师要告诉亡灵这是哪位儿女来祭祀。下面的经文都相同。

得 席 老 拜 去
Dez xiez laaux bail jis*.
带黄牛大去祭
拿大黄牛来祭祀你。

勾 交 利 门 看
Gul jiaul* ndil mengl yez*,
我拿好你看
我拿给你看清楚,

够 够 利 哈 门
Geus* geus* ndil haec mengz,
样样好给你
样样都给你,

已 应 已 耕 才
Jic yiangh jic genz saiz*,
几样几吃齐全
那样你全都尝了,

应 应 耕 夺 了
Yiangh yiangh genl dueh* leeux.
样样吃周全了
样样你都吃了。

未 耕 卡 时 去
Fih genl gac xiez jis*,
不吃杀黄牛祀
未吃祭祀牛的肉,

妈 耕 卡 时 去
Mal genl gac xiez jis*.
来吃杀黄牛祀
来吃祭祀牛的肉。

未 耕 利 时 洒
Fih genl ndil xiez dabt,
未吃好黄牛肝
未吃祭祀牛的肝,

妈 耕 利 时 洒
Mal genl ndil xiez dabt.
来吃祭黄牛肝
来吃祭祀牛的肝。

枚 蜡 太 潭 坎 妈 耕
Miz laez dais basgaamc mal genl,
没谁从山洞口来吃
没人从山洞口来吃牛肉,

卡 门 太 潭 坎 妈 耕
Gah mengz dais basgaamc mal genl.
只你从山洞口来吃
只你从山洞口来吃牛肉。

主
祭
经

枚 蜡 条 花 用 妈 耕　　　　　没谁从板壁来吃

Miz laez diauz* wal* yongs* mal genl,　　没人从竹子板壁来吃牛肉，

卡 门 条 花 用 妈 耕　　　　　只你从板壁来吃

Gah mengz diauz* wal* yongs* mal genl.　　只你从竹子板壁来吃牛肉，

枚 蜡 太 井 言 妈 耕　　　　　没谁从半房来吃

Miz laez dais buangl raanz mal genl,　　没人从房子半空来吃牛肉。

卡 门 太 将 半 妈 耕　　　　　只你从半房来吃

Gah mengz dais buangl raanz mal genl.　　只你从房子半空来吃牛肉，

别 门 耕 枚 孟　　　　　只你吃不舍

Bieh* mengz genl miz mbogt*,　　只有你吃了不会减少，

别 门 用 枚 了　　　　　只你用不完

Bieh* mengz yongh miz leeux.　　只有你用了东西不会完。

另 另 地 更 熊　　　　　轻轻放上桌

Lingl* lingl* dis* genz zuangz,　　轻轻放桌上，①

儿 浪 妈 去 门　　　　　儿后来祭你

Leg langl mal jis* mengz,　　下一个儿女来祭祀你，

麻 哈 儿 拜 累　　　　　来叫儿去好

Mal haec leg bail ndil.　　来祭后保佑儿女样样好。

席 牛 盘 谷 共　　　　　黄牛水牛成做圈

Xiez waaiz banz gueh gongh*,　　保佑牛马满圈，

---

①这是描述儿女祭祀的过程，一个接着一个来祭祀。所有的儿女祭祀完后才转入下一祭祀阶段。

盖　比　盘　谷　伙　　　　　　　鸡鸭成做群

Gais bidt banz gueh hues*,　　　　保佑鸡鸭满笼，

麻　哈　儿　富　贵　　　　　　　来叫儿富贵

Mal haec leg faqguiq,　　　　　　保佑儿女富贵，

哈　儿　交　骂　交　　　　　　　叫儿头来头

Haec leg jauc mal jauc,　　　　　保佑儿女好又好，

劳　儿　节　骂　节　　　　　　　叫儿发来发

Nauz leg jiel* mal jiel*.　　　　保佑儿女发又发。①

---

①这一节是摩师叮嘱亡灵，你的儿女们都来祭祀你了，你一定要好好地保佑他们，保佑他们富贵一生。

MOL YIUH JEEX/转场经

布依族殡亡活动中最有特色、极具仪式感的是"赶鬼场"仪式。赶鬼场也叫"转场",布依语叫 yiuh jeex（"又结"）。孝子贤孙们在摩师的带领下围着祭牛转圈。参加转圈的孝子贤孙队伍少则几十人、多则数百人。围观者少则数百人、多则上万人。所以举办转场仪式时要选择村寨宽敞处的场地。场地选择好后,先要向土地神"办理"租借场地的手续。本章就是办理租借场地过程中念诵的经文。

由于赶鬼场仪式非常热闹,各种妖魔鬼怪有可能会来捣乱,所以摩师要事前给这些妖魔鬼怪打招呼,如果有胆敢来捣乱者,将"严惩不贷"。

赶鬼场的场地租借好后就要做各种准备工作,同时对各项执事人交代相关的规定,摩师还得亲自检查相关的准备工作。如拴牛桩栽好没有等。

这个版本有与其他版本不同之处,其他版本明确规定孝子贤孙都不能吃祭牛的肉,而这个版本规定孝婿及孝婿带来的伙伴们可以吃祭牛的肉,这值得深入研究。

三　悲　养　又　凤	三尺神刀在手
Saaml beil* qyaangx①qyus fengz,	三尺神刀在手,
勾　梅　弄	我不怕
Gul miz laaul.	我②不怕。
勾　妈　了　养　困	我来抽神刀扛
Gul mal logt* qyaangx gudt*,	我抽神刀出来扛在肩③,

①qyaangx（"养"）是做摩仪式时摩师使用的法刀,长三尺左右,没有刀尖。qyaangx 被认为是可以驱鬼斩妖的神刀。
②我,指摩师。
③布依族摩师在举行摩仪式时,在念诵经文时一般都肩扛一把大刀（又称神刀）。

要　养　妈　哭　堡
Aul qyaangx mal gueh box*,

拿神刀来做保
拿神刀来做保护,

哭　养　妈　哭　堡
Aul qyaangx mal gueh box*.

做神刀保做保
打造神刀来做保护。①

高　怀　五　罪　要
Gaul waaiz ndiagt* sois aul,

角水牛人洗　要
别人要给牛洗角,

儿　门　枚　罪　要
Leg mengz miz sois aul.

儿你不洗要
你儿给牛洗角,

哈　好　堆　好　王
Aul ox* geal oax* faangz.

要饭喂饭鬼
给牛喂祭饭。②

堂　　朋　没　浪　习
Dangzbeangz miz laams* xiez,

全世界不拴黄牛
世人不拴黄牛,

儿　门　妈　浪　习
Leg mengz mal laams* xiez.

儿你来拴黄牛
你儿来拴黄牛。

秀　困　未　王　读
Xeeuhgoons fih wag* duez,

前世不砍牛
前世不兴砍牛祭祀习俗,

巴　拉　妈　所　你
Buxlaez mal xioz* nix?

哪个来兴这
哪个来兴砍牛祭祀习俗?

报　六　托　未　少
Baus legdoz fih yeeuh,

布洛陀未叫
布洛陀没有兴砍牛祭祀,

---

①摩师扛着神刀 qyaangx 带领转场队伍"赶鬼场"。布依族摩文化观认为,摩师有神刀 qyaangx 在手,什么鬼怪都不敢靠近。
②别人要给牛洗角,主事家用来祭祀的牛不用洗角,直接给牛喂祭饭(砍牛祭祀前要给牛喂糯谷穗)。

乜 六 甲 未 少　　　　　　　乜六呷未叫
Meeh lohgaab fih yeeuh.　　　乜六呷没有叫砍牛祭祀。

秀 困 耕 呆 文 诺　　　　　前世吃死人肉
Xeeuhgoons genl daail wenz noh,　传说古代野人吃去世人的肉，

儿 假 炎 见 思　　　　　　　布甲见痛心
Bux jac① samh* jiagt sleh*.　　布甲看了痛心。

砍 野 牛 代 替　　　　　　　拿野牛来代替
Aul duezxiez mal deis*,　　　砍野牛代替父母给野人吃，

带 极 里 王 读　　　　　　　从此兴砍牛
Dais jiz* nix wag* duez.　　　从此兴砍牛祭祀习俗。②

堂 朋 旦 布 见　　　　　　　大家穿孝衣
Dangzbeangz danc beahsoh*,　大家都穿孝衣，

儿 门 旦 布 见　　　　　　　儿你穿孝衣
Leg mengz danc beahsloh*,　　你儿也穿孝衣，

勾 哈 拜 又 姐　　　　　　　我叫去转场
Gul haec bail rous* jeex.　　我③叫去赶鬼场。④

---

①Bux jac，人名，即布甲，布依族神话传说中聪明、能干的年轻后生。

②其他版本没有说明是谁兴起砍牛祭祀习俗，但多数摩师们都异口同声地说是布洛陀和乜六呷开始兴起的砍牛祭祀习俗。这个版本明确说不是布洛陀和乜六呷开始兴起的砍牛祭祀习俗，而是 leg jac 开砍牛祭祀习俗的先河。笔者认为这个版本的观点比较正确。由于布洛陀和乜六呷是布依族的人文始祖，布依族古人认为，天下一切都是布洛陀和乜六呷教化的，所以人们砍牛代替父母身躯给野人吃也应该是布洛陀和乜六呷教化的。但是布洛陀和乜六呷这两位布依族的人文始祖在布依族的信仰体系里是仅次于 genz mbenl（"更门"）即"天神"，所以它们只教人们神秘的、深奥的、新的东西。野人来要人的肉吃，这是古代的"习俗"，要改变这个"习俗"，那是人们自己的事，不是神的职责。

③我，指摩师。

④以上三句是摩师叫孝子穿好孝衣准备去"赶鬼场"。

勾 草 外 令 拜　　　　　　　　我买各方方向
Gul zeiz* qyees* leh* biel*,　　我把用来赶鬼场的地都租①了,

拜 老 碉 金 止　　　　　　　各方大落金买
Biel* laaux dogt jiml zeix*,　　此地已经出钱买,

勾 草 到 容 你　　　　　　　我买到块这
Gul zeix* dangz rongz* nix.　　这个坝子我已经全部买了。②

老 碉 叩 止 地　　　　　　　全坝我买地
Laaux dongh gul zeix* deis*,　　整个坝子我已买,

勾 草 到 容 地　　　　　　　我买整坝地
Gul zeix* dangz rongs* deis*.　　整坝地我都买了。

六 蜡 内 难 因　　　　　　　槽下好土红
Lul* lac ndil naamh ndingl,　　下面槽子红色的泥土很好,

勾 草 妈 难 因　　　　　　　我买来红土
Gul zeix* mal naamhndingl.　　我买来红土,

王 怪 拜 极 介　　　　　　　鬼怪走远处
Faangzguais* bail jiezjail.　　鬼怪走远点。

电 累 勾 用 止　　　　　　　地这我用现在
Dianh* nix gul rongs* xez,　　此地我马上就用,

---

①这里租和买是同一概念,为了押韵摩经中经常一句用租一句用买。
②摩师沿着"鬼场"边,隔一段距离用锄头挖一下,烧几张纸钱,并插一面小三角纸旗,说 Biel* laaux dogt jiml zeix* ("拜老碉金止"),译成汉语是我花钱租这里。摩师又从这一点划线到下一点,说 Gul zeix* dangz rongz* niz ("勾草到容这"),译成汉语是这条线内的地是我花钱租的。

MOL YIUH JEEX

转场经

电　累　勾　哈　王　读
Dianh* nix gul haec wag* duez.

地这我给砍牛
此地拿来砍牛祭祀。①

奎　诺　又　卡　纳
Goiz noh qyus jiezlaez ?

婿肉在哪里
砍牛的孝婿在哪里？

儿　播　胜　席　浪
Leg bol* lugt* xiez laams*.

孝子来拉黄牛拴
孝子拉牛拴。

法　养　看　没　看
Fah qyaangx gegt* miz gegt*?

把刀锋利不锋利
砍刀锋利不锋利？

席　等　汉　没　汉
Xiez duans* hanl* miz hanl*?

黄牛桩牢不牢
拴牛桩牢不牢？

外　纳　定　三　散
Weic* nas dingl* saaml segt*,

转脸转三圈
正脸转三圈②，

外　纳　定　官　旁
Weic* nas dingl* goons bangl*,

转脸转前反
反脸向后转，

官　旁　又　拜　纳
Goons bangz* qyus baaihnac.

先转在前面
反向转向前。

报　硐　杠　少　杠
Bausdongx* gud* sos* gaangl*,

结拜兄弟扛锅木杠
结拜的弟兄杠来大锅，

油　韦　姑　有　没
Rouz* langl geal qyus miz ?

油和盐有不
油和盐有没有？

①此段讲述买场地来"赶鬼场"的过程，同时要求其他妖魔鬼怪不得靠近、不得捣乱。这里的"买"实际上是"租"，用于赶鬼场。

②这是摩师指挥砍牛手先围着祭牛按顺时针方向转三圈，再按反时针方向转三圈，然后砍牛。

席　渡　的　别　　浪　　　　　　　黄牛倒就剥皮
Xiez rous* xih biel* nangl,　　　　黄牛砍死了就剥皮，

别　　浪　机　荣　坐　　　　　　剥皮就下锅
Biel* nangl xih rongz zos*.　　　　剥了皮就下锅。

汉　龙　更　浪　　看　　　　　　昨晚吃后讲
Hamhlunz* genl langl gaangc,　　　昨晚饭后就讲砍牛吃肉的事，

汗　龙　　更　浪　去　　　　　　昨早吃后等
Hagtlunz* genl langl jis*.　　　　昨早吃饭后就等待。

完　　里　更　诺　席　　　　　　今天吃肉黄牛
Wanz* nix genl noh xiez,　　　　　今天吃黄牛肉，

儿　播　没　哈　更　　　　　　　孝子不给吃
Leg bol* miz haec genl,　　　　　孝子不能吃，

补　问　没　哈　　更　　　　　　别人不给吃
Buxens miz haec genl,　　　　　　他人不能吃，

嘎　儿　奎　乃　　更　　　　　　只女婿得吃
Ah leggoiz ndaix genl.　　　　　　只有孝婿能吃。①

更　　闷　又　读　新　　　　　　天上有神仙
Genzmbenl qyus duezslingl*,　　　天上有神仙，

读　　新　溜　作　饶　　　　　　神仙看我们
Duezslingl* lius* zoh* rauz.　　　神仙看我们。

───────────────

①这是举办砍牛祭祀仪式前交代的注意事项。这个版本与其他版本不同之处是孝婿可以吃祭牛的肉，而在其他版本中孝婿是不能吃祭牛的肉。

报　摩　劳　门　呢
Bausmol① nauz mengz nyiel，

摩师说你听
摩师讲你②听，

报　太　劳　说　门
Bausdees nauz zoh* mengz.

摩师说直你
摩师直言相告。

谷　事　啊　呢　话
Gueh seil* mez* nyiel haaus，

做事要听话
办事要听话，

呢　话　补　太　饶
Nyiel haaus buxdees nauz.

听话摩师说
听摩师来交代。

半　累　乃　谷　光
Banz ndil ndaix gueh guangh*，

成好得做当
富贵了就可以得官当，

金　银　妈　因　言
Jiml nganz mal riml raanz，

金银来满屋
金银堆满屋，

牛　去　因　共　下
Waaiz xiez riml gongh* lac，

牛去满圈下
下圈牛满圈，

马　去　因　共　跟
Max xiez riml gongh* genz，

马去满圈上
上圈马满圈，

儿　耐　长　搜　银
Leglaanl zaangz* lac yinl*.

孙儿跑下地
孙儿满地跑。③

①Bausmol 及下句的 Bausdees 均指摩师，只是称呼不一样。
②你，指参加举行祭祀仪式的人。
③结尾段讲述孝子贤孙们按照摩师的要求进行祭祀，祖先看见了，就会保佑子孙后代兴旺发达。

MOL DANGS WANL* / 摩当王经

Mol dangs("摩当")又叫 mol dangs wanl*("摩当王"),译成汉语即送魂经。布依族举行殡亡仪式就是诵经超度亡灵,送亡灵升天,让其回归到祖宗那里。

这个版本的送魂经比较简略,删简了很多重复的内容和环节,当然主要内容、环节没有变。有可能是某代摩师觉得过去的版本过于啰唆、重复,所以进行了精简、改进。通过精简、改进,经文的内容更明了易懂。现简述如下:

昨夜凉风起,公鸡叫头遍。我(摩师)正睡得香,突然被你(去世者)儿吵醒。我急忙起来,赶紧朝外走。走出家门口,走到田坝头。走到半路上,天才麻麻亮。野鸡咕咕叫,动物满山跑。紧走紧走到你家,你的身已亡,你已变成鬼。我来做哪样?我来超度你。别人吃热饭,只你吃冷饭。不得哪个从窗子进来吃饭,只你从窗子进来吃饭。冷饭不用热,吃了你就走,我送你上路。你去世没有葬,今天来葬你。埋葬要看地……看得一块好地,你儿他同意,就拿葬这里,送你去上天。顺着大路走,朝着天路走。神仙在天上,祖宗在天上。你去陪祖宗,和祖宗住一起。天上有人接,神仙来引路。有人来牵牛,鸡鸭挑着走。二十天鸡出壳,三十天鸭出壳。是你的应有尽有,不归你的不要带走。孝子准备好,女婿在后头。大家抬起来,此时送你走。不要说闲话,想哭的就哭。送老人上路,不哭待何时?天上有九街,街街有人接。天上有九门,门门有人等。送你去天上,送你去成仙。送你上天你就走,儿女花钱费米来送你。你要保儿孙好,富贵在今天。你儿叫我讲,我已讲完了。

哈 蜡 劳 半 寨	叫人说半句讲
Haec laez nauz buans* zaangz*,	叫谁讲半句,

蜡　梭　劳　半　寨　　　　哪人就说半句
Laez jis* nauz buans* zaangz*.　　谁就讲半句。

蛤　蜡　怪　老　亦　　　　给哪个说老人听
Haec laez gues* laaux nyiel,　　叫谁认真听,

蜡　梭　怪　老　亦　　　　下就认真听
Laez jis* gues* laaux nyiel.　　谁就认真听。

劳　占　浪　借　内　　　　说句后就好
Nauz zaangz* langl jis* ndil,　　讲后句就好,

梭　占　浪　借　内　　　　记句后就好
Geis* zaangz* langl jis* ndil.　　记后句就好。

当　占　此　借　内　　　　到句这就好
Dangz zaangz* xez jis* ndil,　　到此句就好,

梭　当　此　借　内　　　　记到这就好
Geis* dangz xez jis* ndil.　　记住此句就好。

儿　门　哈　沟　劳　半　寨　　儿你叫我讲半句
Leg mengz haec gul nauz buans* zaangz*,　你儿叫我讲半句,

沟　机　功　半　寨　而　门　　我就说半句儿你
Gul jis* nauz buans* zaangz* leg mengz.　我就替你儿讲半句。

哈　沟　怪　老　亦　　　　叫我讲老人听
Haec gul gaangc laaux nyiel,　　叫我讲给你老听,

沟　机　怪　老　亦　　　　我就讲老人听
Gul jis* gaangc laaux nyiel.　　我就讲给你老听。

而　门　哈　沟　当　占　蜡
Leg mengz haec gul dangs* zaangz* laez,

儿你叫我诵句哪
你儿叫我诵哪句，

沟　机　当　占　蜡
Gul jis* dangs* zaangz* laez.

我就诵句哪
我就诵哪句。

而　门　哈　沟　劳　占　说
Leg mengz haec gul nauz zaangz* sueh*,

儿你叫我说句话
你儿叫我说实话，

沟　机　当　占　说
Gul jis* dangs* zaangz* sueh*.

我就诵直话
我就诵实话。①

云　井　域　疗　埃
Wuc* dingc* ngouz* leeux aux*,

云天漂动了
天上的云漂动了，

堂　那　盖　疗　楼
Dangz nac jais hanl laux*.

到公鸡叫了
公鸡叫头遍。

而　门　动　乱　堂　孟　勾　到
Leg mengz lugt onc* dangz mog gul dauc,

儿你扯床到被我来
你儿掀开被喊我，

而　门　半　堂　悶　沟　到
Leg mengz buangl* dangz mbenc* gul dauc.

你儿冲到床我到
你儿冲到床头喊我。

沟　到　埃　堂　乱
Gul dauc hanl dangz mbuans*,

我来忙到床
我急忙起床，

别　堂　那　间　无
Byaaic dangz nac jaangl raanz.

走到前中屋
走到堂屋前。

---

①这一段是摩师告诉亡灵，是你（指去世者）儿请我（指摩师）来说话，也就是请我来诵读送你灵魂上天的经文，所以我就按照你儿的要求为你诵读经文。其意思是你儿是孝子，请我来送你灵魂升天。

别　　　堂　那　江　舞
Byaaic dangz nac ronl wus*,
走到前路荒芜
走到半路上，

闷　冷　用　麻　麻
Mbenl langc roongh miangz* miangz*.
天才亮麻麻
天才麻麻亮。

并　盖　伍　仲　歪　因　歪
Bidt gais mbiagt* zongs* goz* yingz* gog*,
鸭鸡人放叽叽叫
人家放的鸡鸭叽叽叫，

墓　荣　伍　仲　硐　因　硐
Mul yongz mbiagt* zongs* dongh yingz* dongh.
猪羊人放坝窜坝
人家的猪羊遍地窜。①

岩　门　论　坝　要
Ngaaiz mengz as* baix yaus*,
早饭你冷媳加温
你的早饭冷了拿去热，

而　把　要　四　五　驼
Leg baix saux* slis hac dos*.
儿媳加温四五遍
儿媳已经热了四五遍。

枚　蜡　太　墰　坎　妈　耕
Miz laez dais basgaamc mal genl,
没谁从山洞口来吃
没人从山洞口来吃饭，

卡　门　汉　墰　坎　妈　耕
Gah mengz dais basgaamc mal genl.
只你从山洞口来吃
只你从山洞口来吃饭。

耕　岩　拜　平　墓
Genl ngaaiz bail beangz mos,
吃午饭去世界新
吃了午饭去新的世界，

耕　了　拜　埂　闷
Genl leeux bail genz mbenl.
吃了去上天
吃了饭去升天。②

①这一节描述摩师接受事主的请托，匆匆忙忙赶往事主家的情景。
②这一节经文是老人去世后，摩师在祭祀时诵读第一次供奉早饭的经文。

补　弄　半　并　门
Buxdeis bons* bings* mengz,
摩师办殡你
摩师来超度你，

洪　　　盆儒拜　了
Leeuxbeangz rox bail leeux.
天下知去了
全天下都知道了。

沟　谷　墓　并　门
Gul guehmol bings* mengz,
我诵经殡你
我诵经超度你，

和　沟　栏　拜　了
Hoz gul lagt* bail leeux.
嗓我沙哑去了
我的嗓子都沙哑了。

老　呆　未　乃　上
Laaux daail weih* ndaix saangl,
老死未得上
去世了未升天，

并　挂　乃　拜　上
Bings* gvas ndaix bail saangl.
度过得去上
超度后就能升天。

老　呆　未　乃　并
Laaux daail weih* ndaix bings*,
老死未得度
去世了没有超度，

到　拜　并　谷　沙
Daaus bail bings* gueh sah*.
回去殡做全
超度仪式已做完。①

私　拜　定　地　墓
Seil* bail dingl* deis* mol,
师去找墓地
摩师去找墓地，

八　纳　定　地　墓
Buxlaez dingl* deis* mol?
哪个会看地
哪个会看地②？

---

①此节是摩师对孝子强调老人去世后若不举办超度仪式，老人的灵魂就不能升天。叫孝子回去把超度的所有仪式都要做完。

②看地，指选择墓地、测墓地的朝向。

太　哈　章　儒　地　　　　　　先生汉会看地
Dees Has zaangz* rox deis*.　　汉族先生会看地。

哈　散　拜　散　妈　　　　　　叫高去高来
Has sagt* bail sagt* mal,　　　叫去高处看，

散　乃　对　了　汉　　　　　　高得地一块
Sagt* ndaix deis* ndeeul ndil.　看上一块地。

草　汉　别　迷　平　　　　　　这块地不平
Zez* jabt* bies* miz bingh*,　　这块地不平，

对　占　少　盘　内　　　　　　地遇叫成好
Deis* xabt yeeuh banz ndil.　　要找能发迹的地。

对　远　枚　富　贵　　　　　　地坐不富贵
Deis* nangh miz fuqguiq,　　　这地不富贵，

哈　枚　好　对　远　　　　　　汉不要地这
Has miz aul deis* nangh,　　　汉族先生不要此地安葬，

姚　枚　定　对　远　　　　　　我们不要地这
Rauz miz dingd* deis* nangh,　我们不要此地安葬，

而　枚　上　对　远　　　　　　儿不要地这
Leg miz aul deis* nangh.　　　儿也不要葬此地。

哈　散　拜　散　妈　　　　　　汉上去上来
Has slagt* bail sagt* mal,　　汉族先生又往上去看，

散　乃　对　了　汉　　　　　　上得地很块
Sagt* ndaix deis* leeux hangs*.　上面又有一块地。

对　　了　汉　内　要　　　　　　　地　这　汉　好　要
Deeis* leeux has ndil aul,　　　　此地汉族先生说是好地,

草　　按　高　怀　洒　　　　　　地　这　角　水　牛　尖
Deis* nix gaul waaiz sangh*.　　此地形像水牛的尖角。

对　莫　保　而　哉　　　　　　　　地　坟　保　儿　孙
Deis*moh bos* leg seel*,　　　　此墓地保佑儿孙顺利,

保　而　闷　　又　来　　　　　　保　姑　娘　漂　亮
Bos* legmbegt* qyus sioh*,　　保佑后代女的漂亮,

保　而　哉　富　贵　　　　　　　　保　儿　子　富　贵
Bos* legseel* fuqguiq.　　　　保佑后代男的富贵。

姚　令　定　对　　远　　　　　　我　们　就　定　地　这
Rauz xis* dings* deis* nangh,　我们定这里安葬,

而　令　上　　对　远　　　　　　儿　就　定　第　这
Leg jis* dings* deis* nangh.　儿选中这块地安葬。①

德　　门　拜　三　汉　　　　　　带　你　去　三　早
Dez mengz bail saaml hadt,　　带你②去三早上,

德　　门　　拜　七　凡　　　　带　你　去　七　天
Dez mengz bail xagt wanz*.　　带你去七天。

---

①这一段描写请先生(摩师)给亡灵选择墓地的过程。这个版本与其他版本相比有较大的区别,这个版本省略了很多内容。这个版本直接去请汉族先生来看地(选择墓地)。有的版本首先描述去请了几个民族的先生,都因为种种原因没有请到,最后还是请了布依族的先生。有的版本描述了去请先生路上的所见所闻,再到先生家,见到先生后就关于给先生的待遇多少等。先生同意后随同去请者前往事主家。先生到事主家后,与众人去选择墓地,对什么样的地形是好墓地、什么样的地形是不好的墓地进行了详细的解说。可以说是一部简版的布依族"风水学"。

②你,指去世者。

外　世　麻　哈　尔　　　　　样样啥给儿
Geus* geus* mal haec leg?　　给儿交代什么事？

勾　用　门　郎　汝　　　　　我让你后知
Gul rongl* mengz langl rox.　我让你也知道。

而　德　走　拜　太　　　　　儿带接去师
Leg dez xux bail des*,　　　儿带去接摩师，

七　焉　落　拜　更　　　　　跳跨朝去上
Cadt* qyagt* los* bail genz.　蹦跳朝上走。

作　焉　老　拜　更　　　　　直跨向去上
Sol* qyagt* lox* bail genz,　顺直向上走，

里　焉　翁　拜　了　　　　　这跨边去了
Nix qyagt* hongl* bail liaux.　顺路边去了。

太　焉　对　拜　桑　　　　　师跨带去高
Des* qyagt*①deis* bail saangl,　摩师带着往上走，

里　焉　王　拜　了　　　　　这跨鬼去了
Nix qyagt* faangz bail liaux.　走到神仙住的地方了。

报　达　纵　其　蜡　　　　　祖先在哪里
Bausdal qyus jiezlaez?　　　祖先住在哪里？

门　拜　纵　其　远　　　　　你去住那里
Mengz bail qyus jiezrangl*.　你就去住哪里。

文　来　又　其　蜡　　　　　人多住哪里
Wenz laail qyus jiezlaez?　　大家住在哪里？

①qyagt*("焉"),指就像走百步桥那样踮脚走路。这里指爬天梯,所以是踮着脚往上爬。

门　拜　又　其　远
Mengz bail qyus jiezrangl*.

你去住那里
你就去住哪里。

盖　当　门　因　随　因　拜
Gais dangs mengz yinh* soix* yinh* bail,

鸡嘱咐你引那引去
带路鸡引你走哪里你就走哪里,

好　补　门　因　卖　因　拜
Aul bux mengz yinh* mal yinh* bail.

要接你引那引去
来接你的人带你到哪里你就到哪。

蜡　进　时　进　怀
Laez jingl* xiez jingl* waaiz,

谁牵黄牛牵水牛
牵牛的牵牛,

盖　变　央　拜　了
Gais bigt raabt bail leeux.

鸡鸭挑走了
挑鸡鸭的挑鸡鸭。①

三　十　凡　界　并
Saaml xib wag* jais bigt,

三十孵蛋鸭
三十天孵鸭蛋,

于　妈　屡　沟　当
Nyiel mal nix gul dangs.

听来这我讲
听我先来讲。

二　十　凡　界　盖
Ngih xib wag* jias gais,

二十孵蛋鸡
二十天孵鸡蛋,

于　妈　屡　沟　当
Nyiel mal nix gul dangs.

听来这我讲
听我先来讲。

父　卑　满　当　好
Suh* bail mbaangx* dagt ox*,

包去坛舀粮
包好装粮食的坛子,

好　屡　道　妈　那
Ox* wanl daaus mal naz.

谷魂回来田
把谷子的魂留在田里。

①这一节描述送亡灵升天的过程以及亡灵在天上居住的地方。

父　卑　满　　当　巴
Suh* bail mbaangx* dagt byal，

包去坛舀鱼
包好装鱼的坛子，①

巴　　屡　到　妈　墓
Byal wanl daaus mal mbos.

鱼魂回来井
把鱼的魂送回井里。②

千　年　枚　马　纳
Xianl bil miz mal nac，

千年不来面
千年不见面，

世　焉　因　世　雅
Seis* xez yinl* seis* kex*.

那时全时躲
永远不相见。

而　卜　拜　蜡　了
Legbol* bail lac lax*，

孝子去下了
孝子下去了③，

而　奎　拜　蜡　了
Leggoiz bail lac lax*.

孝婿去下了
孝婿下去了。

买　把　又　卡　蜡
Maix* baix qyus jiezlaez?

儿媳在哪里
儿媳在哪里？

了　敖　都　妈　你
Leeuxsah* dul mal nix.

全部都来这
全都来这里。

买　把　跪　坐　贯
Maixbaix guih* xos goons，

儿媳跪放前
儿媳排在前面④，

①suh*（包）的语音这里用"父"字记音，所以很多人读不懂。Mbaangx*（"满"）是坛子，由于坛子在摩经里很少出现，所以很多人也不知道是啥。

②此节告诉亡灵，它升天了，用坛子装的粮食、鱼可以带到天上，但不能把粮食和鱼的魂带走。因为若把这些东西的魂都带走了，阳世就没有了。

③下去了，指送去世者上山。

④排在前面，指排排着队送去世者上山。

儿 卜 点 引 走
Legbol* dians* yinl* xux.

孝子跟着接
孝子接在后。

井 弄 老 德 条
Jih* ndongs* laaux dez deeuz,

就抬老带逃
抬着老人走,

信 门 父 言 女
Songs mengz os raanz nix.

送你出家这
送你离开这一家。

门 儿 信 卜 蜡
Mengz miz lues* buxlaez,

你不讲哪人
你不要再回来,

门 困 推 困 卦
Mengz guangs bail guangs gvas.

你宽走宽过
你宽心地走过去。

杰 呆 的 机 呆
Jil* daail jih* jis* daail,

到死就去死
寿终了就去①,

呆 播 乜 时 里
Daail bohmeeh xeznix.

死父母此时
这时父母去世。

送 播 乜 拜 更
Songs bohmeeh bail genz,

送父母去上
送父母升天,

麻 保 儿 拜 累
Mal bos* leg bail ndil,

来保儿去好
保佑儿孙生活好,

富 贵 带 凡 里
Fuqguiq dais wanz* nix.

富贵从今天
保佑儿孙从此富贵。②

①去,指去世 。
②这一段是描述孝子贤孙们与亡灵的最后告别。摩师叮嘱,亡灵不能跟活人说话,不能再回这个家,因为阴阳两重天,阴间的鬼魂是不能与阳间的人说话的,也不能回阳间居住。

堂　偷　皆　达　九　　　　　　　到头条河九
Dangz ndux gal dah guc,　　　　走到了过去的第九条河①,

并　盘　隋　半　路　　　　　　　变成全成大
Bings* banz dos* banz laaux.　　全部都变大河了。

堂　偷　皆　达　路　　　　　　　到头河流大
Dangz ndux gal dah laaux,　　　走到了从前的大河,

并　盘　隋　半　中　　　　　　　变成都成层
Bings* banz dos* banz zongz*.　都变成了一层层的瀑布。②

走　门　拜　谷　兴　　　　　　　接你去做仙
Xux mengz bail gueh slingl*,　　送你去当神仙,

儿　门　哈　勾　当　　　　　　　你儿叫我送
Leg mengz haec gul dangs,　　　你儿叫我送,

勾　当　了　时　者　　　　　　　我送了时候
Gul dangs liaux xeznix.　　　　我送你到天上就回家了。③

①第九条河,指布依族传说中的阴界中的第九条河。
②这是摩师对天上的回忆,摩师这次来看到过去第九条河的河道都变宽了,而且出现了一层层的瀑布。
③最后一段描述亡灵到了天上当了神仙的情景。

MOL ZONGS* FAIX/立幡杆经

Mol zongs* faix（"摩仲孬"），译成汉语即"立幡杆经"。举行殡亡仪式时要在主家旁竖一棵高高的幡杆（杆，应为竿。因大多数摩师习惯用杆，摩经文本中大多也用杆，故本文为保持经文的原貌，用杆）。幡杆为斑竹，修去竹枝，留竹梢系幡纸，幡纸上写有幡词（见本章结尾处）。在殡亡仪式中幡杆是亡灵升天的"天梯"，幡词是亡灵升天的"通关文牒"。Mol zongs* faix 就是送亡灵从幡杆升天的经文。

布依族人认为，幡杆是祭祀时的神圣物，因此，在去砍做幡杆的斑竹时要吹奏唢呐，敲打手钗铓锣，燃放鞭炮。做幡杆的斑竹要经过精心的挑选。选好斑竹并砍倒后，要由一群孝子轮换抬进寨，孝媳们要穿金戴银盛装迎接。孝子们要用新帕子擦干净竹身，抬到事主家院子放好，系上纸幡，等待吉时良辰，举行立幡仪式。立了幡杆后标志着主事家正在举办"殡亡"活动。

内 于 半 他 来	闭听闭眼说
Ndil nyiel labt dal nauz,	闭眼好好听，

内 于 来 他 定	好听说我讲
Ndil nyiel nauz jih* dingl*.	不要动，闭眼听我讲。

内 于 念 于 宜	好听侧也听
Ndil nyiel nians* yiz* nyiel,	耳朵侧过来好好听，

半 好 巷 妈 衣	伸身子来听
Buangs* senc* ndaangl mal nyiel,	挺起身来听，

念　　于　衣　沟　劳
Nians* yiz* nyiel gul nauz.

侧来听我说
耳朵侧过听我讲。①

哈　劳　满　　门　由
Haec nauz mbaanx mengz rouz*,

叫说寨你管
告诉你②住的寨子，

哈　劳　州　门　困
Haec nauz zouy mengz kunx*.

叫说州你管
告诉你所管辖的州府。

劳　潭　邑　门　罗
Nauz dangz byas* mengz lo,

说到这你咯
讲到你这里，

哈　劳　那　门　困
Haec nauz naz mengz kunx*,

叫说田你管
告诉你哪些田由你管，

反　　应　　及　门　由
Mbaanx yings* jiz* mengz rouz*,

寨所有由你管
你喜欢寨子哪里就随便住，

州　李　州　门　困
Zouq nix zouq mengz kunx*.

州这州你管
这个州归你管。③

止　门　呆　盘　王
Xez mengz daail banz faangz,

现你死成鬼
你去世已经变仙，

呆　马　板　报押达　门　罗
Daail mal mbaanx bausyahdal* mengz lo.

死去寨祖先你啰
去世了去住祖先寨子啰。

朋　博　乜　门　盘
Beangz boh meeh mengz banz,

地父母你成
那是你父母的地方，

---

①这一节摩师反复强调亡灵要认真听，因为下面的内容非常重要。
②你，指去世者。
③这一段摩师告诉亡灵它在天上的权力和管辖的地域。这就是举办殡亡仪式与不举办殡亡仪式的区别。亡灵通过举办殡亡仪式后在天上就可以管村管寨、管州管府，有很多的田地和住房，也就是"天官"了。没有举办殡亡仪式的亡灵上天以后只能是"普通"的鬼。

立幡杆经

金　银　报　押　止　　　　　　金银祖先买
Jiml nganz bausyah zeix*.　　　是祖宗用金银买来的。①

平　　报　押　门　盘　　　　　地祖宗你成
Beangz bausyah mengz banz,　　你祖宗的地方,

浪　老　洪　盘　约　　　　　　和祖先你知
Langl lox* weangz banz rox.　　和祖宗住在一起你就知道。②

呆　劳　作　其　远　　　　　　死说在水边
Daail nauz soz* jiez ramx,　　去世了葬水边,③

屡　枚　旦　卜　碗　　　　　　活不穿衣黑
Ndil miz danc beah wanx*,　　活不穿黑衣④,

呆　门　旦　卜　碗　　　　　　死你穿衣黑
Daail mengz danc beah wanx*.　你去世了穿黑衣。

屡　枚　然　松　单　　　　　　活不坐双凳
Ndil miz nangh soongl dangs,　活不坐双凳,⑤

呆　门　然　松　单　　　　　　死你坐双凳
Daail mengz nangh soongl dangs.　去世了坐双凳。

汉　门　更　浪　看　　　　　　早你吃和喝
Hadt mengz genl langl nadt,　　你早上吃和喝,

①这里为了押韵,bausyah("报押")是 bausyahdal*("报押达")省略而来。bausyah("报押")是夫妻,bausyahdal*("报押达")是祖宗,有的人未进行深入研究,把这里的"报押"错误翻译为夫妻,使得意思相差甚远。

②这几句是摩师告诉亡灵,它来到的是祖宗们用金银买来的地方。这有两层意思,一是叫亡灵可以安心居住,因为住的地方是祖宗已经用钱买了的;另一层意思是叫亡灵要珍惜祖宗们创业得来的财富。有的版本还详细地描述祖宗们艰苦创业的过程。

③布依族的灵魂观认为,灵魂要升到第六层天,喝了第六层天铜井里的水后才真正地去世。所以此句说去世在水边,意思是你已经喝了铜井里的水,真正地去世了,已经是鬼了。

④黑衣,指棺材,布依族习惯于用土漆将棺材漆成黑色,所以称棺材为黑衣。

⑤双凳指支撑棺材两头的两条板凳。在布依族的丧葬习俗中,当老人去世入棺后,棺材两头要用两条板凳支撑,一直到下葬。所以称去世者坐"双凳"。

汉　门　更　浪　去　　　　晚你吃和咂
Hamh mengz genl langl zedt*.　　你晚上吃和抿。①

补　哈　以　盘　墨　　　　汉人拿笔纸
Buxhas dez sal mag,　　　　　汉族人拿笔纸写字,

门　乙　以　盘　墨　　　　你也拿纸笔
Mengz yieh dez sal mag.　　　你也拿纸笔写字。

太　师　哈　也　诗　　　　先生叫写字
Dies* sel haec raaiz sel,　　　先生叫写字,

更　堂　闷　　　　　　　　上到天
Genz dangz mbenl,　　　　　上齐天,

地　无　限　　　　　　　　地到泥土
Deis* dangz naamh.　　　　　地无限。

射　方　又　等　　　　　　四方有桩
Ses* faangh* qyus duans*,　　四方边界分明,

止　并　盖　又　了　　　　买鸭鸡赎了
Zeix* bidt gais qyus* liaux,　　鸭鸡买回来了,

止　母　荣　又　蜡　　　　买猪羊赎②了
Zeix* mul rongz qyus* liaux,　　猪羊买回来了,

---

①这是摩师再次提醒亡灵,它已经去世了,与阳间的人不一样,不能像阳间的人一样地生活,必须遵守阴间的规矩。
②赎,即买。

勾　勾　骂　又　了
Geus* geus* mal qyius* lax*.

样样来赎了
样样都买回来了。①

歪　怀　又　傍　大
Faix* wez* qyus baangx* dah,

斑竹在边河
斑竹生长在河边，

好　金　银　　拜　史
Aul jiml nganz bail zeix*.

拿金银去买
拿金银去买。

史　妈　仲　孬　么
Zeix* mal zongs* faixgos*,

买来栽树告
买来立幡杆

孬　么　浪　　坐　里
Faixgos* mdaml xos nix,

树告栽这里
幡杆做在此，

太　底　桑　齐　闷
Dais dis* saangl jiz* mbenl.

从地高天
从地顶着天。

门　　呆　儿　妈　并
Mengz daail leg mal bings*,

你死儿来并
你去世了你儿来给你超度，

并　门　乃　拜　更
Bings* mengz ndaix bail genz.

并你得去上
超度你能升天。

更　闷　代　卡　拜
Henc mbenl dais gez* bail,

上天从哪上
天上从哪上，

代　哥　孬　么　拜
Dais gol faixgos* bail.

从那树告去
从幡杆那上。

---

① 这一段经文是告诉亡灵，它住的地方已经买断，租出去的地方也收回来了，请他放心居住。

补 纳 得 门 拜　　　　　哪个带你去

Buxlaez dez mengz bail？　　哪个带你去？

勾 指 干 炎 哈 门　　　　我条路给你

Gul rez* gal ronl haec mengz.　我给你指路。

言 门 代 嘎 妈　　　　　家你从哪来

Raanz mengz dais gez* mal？　你家从哪来？

门 几 代 嘎 拜　　　　　你就从哪去

Mengz xih dais gez* bail,　　你就回哪去，

拜 耕 本 墓 补 老　　　　去吃地方新老人

Bail genl beangz mos buxlaaux.　去和祖先在一起。[1]

接着就举行"梢本"仪式。"梢本"即告知亡灵上天行走的线路。线路不能指错，否则亡灵就找不到祖宗。这个线路就是这个家族的迁徙路线。届时家族长老在灵堂里，首席摩师站在幡杆脚下。

摩师：某某公（或者某某奶，亡灵的名字），你家喊你去哪里吃，你就去哪里吃，喊你去管哪里，你就去管哪里。

摩师大声问：某某公（亡灵是女性就叫某某奶）"拜跟本喇"？即叫某某亡灵到天上什么地方？

家族长老大声回答：某某地名（按照该亡灵家族迁徙路径反向一个地名一个地名的念，一直念到最早居住过的地名）。

家族长老念一个地名，摩师跟着念一个地名。家族长老念地名是告诉摩师，摩师念地名是告诉亡灵。因为人和鬼是不能直接对话的，所以要通过摩师转告。这时摩师是神，所以可以与鬼和人对话。

家族长老：

拜 更 咯！　　　　　去上咯！

Bail genz lo,　　　　升天咯！

①以上这一节就是摩师告诉亡灵从哪里升天，升到天上什么地方。叫亡灵从 faixgos*（"孬么"）即顺着幡杆升天，去与祖宗们住在一起。

摩师:

拜　更咯!　　　　　　　　　　　　　　　　去上咯!

Bail genz lo,　　　　　　　　　　　　　　　　升天咯!

　　下面这一段文字布依语叫 byans[*] gaul[*]("片告"),是用汉字写在幡杆上的,通常叫魂幡词,摩师最后诵读一遍。由于一代一代摩师的传抄,错字、漏字很多,导致现在读起来感觉文理不通,难解其意。但是摩师们是清楚其内容的。

　　魂幡词其实就是亡灵随身带的升天"介绍信",或者叫升天的"通关文牒"。其内容主要包括亡灵姓名、什么地方人、出生时间、去世时间,要到天上去管理什么地方、随身带了哪些东西。由于抄写经文的人知识水平不高,这个版本魂幡词错字漏字很多,造成文理不通。但为保持经书原貌,不做何改动,将原文抄写于此。

　　魂幡词:

　　金条大路如来大宋国广南西路某州某地所管下地名某州某县太保太子几郎几娘年登几十岁不横,今年今月今日今时须犯大病小病不横,花甲一兑凉年二果银钱东至甲乙南至丙丁至庚亲北至壬癸中至戊己字午卯酉安葬地落左右有九江九海杉木一付大午条头银钱三沙九千九百九十九贯文与用亡人前往买卖左有青龙右有白虎前有朱雀后有玄武一兑凉伞一把还刀猪羊鸡鸭酒食等件齐备今往归天了去。莫里了里死莫生。用了三十四万过了天地户了,千年不动,万岁不移;千年保富贵,万年保子孙;千年保猪羊,万年保土地;千年保奴婢,万年保金银;千年保牛马,万年保男女,保万代富贵。

　　吾奉太上老君急急如律令。

　　天了堂堂地了堂堂九江九海吾奉太上老君急急如律令。

MOL ZONGS[*] FAIX

立幡杆经

MOL RAIZ* DIES*/请祖师经

    Mol raiz* dies*（"摩莥帝"），即请祖师经。Mol raiz* dies*（"摩莥帝"）的 raiz*（"莥"）是请，dies*（"帝"）是师，mol raiz* dies* 即请祖师、祭祀祖师的经文。布依族摩文化创始人、祖师是布洛陀和乜六呷。布摩即摩师举行重大的摩活动时要先祭拜祖师，喻请祖师现场督导和助力。殡亡仪式是摩活动的大型活动，为确保活动正常举行且达到预期效果，必须请祖师和各路神仙助力。

    在大型摩活动开始之前，要选择在人和动物不容易碰到的地方设立一祭坛，祭坛上要用一个升子（一种木制容量器，正方形，一升米约等于5市斤）装一升米，在升子上面插一只"马喇"即用纸扎成的马，摆上酒肉等供品，上香点烛烧纸钱，首席摩师带领所有摩师在祭坛前跪拜，念诵 Mol raiz* dies*。

请	门	洪	心	到	请你皇仙到
Sens* mengz weangz xingl* dauc,					请你祖师到，

胜	门	冒	心	娄
Xuz mengz mos* xingl* ndux.				

接你头仙前
接你老神仙。

请 门 补 腊 更
Sens* mengz buxlaez genz,

请你哪人上
请你天上人，

胜 门 文 秀 娄
Sens* mengz wenz xeeuhndux.

接你人前辈
接你老前辈。

请 门 补 秀 困
Sens* mengz wenz xeeuhgoons,

请你人前世
请你前世人，

胜 门 报 儿 佗

接你布洛陀

Sens* mengz Baus legdoz,　　　　　接你布洛陀，

请　　门　摩六呷
Sens* mengz Mol legges.　　　　　请你乜六呷
　　　　　　　　　　　　　　　　请你乜六呷。

请　　机　容
Sens* jih* rongz,　　　　　　　　请就下
　　　　　　　　　　　　　　　　请就下，

胜　机　到
Xux jih* dauc.　　　　　　　　　接就到
　　　　　　　　　　　　　　　　接就到。

亡　　拿又　则　墨
Wangz* laez qyus slal mag ?　　哪个有纸墨
　　　　　　　　　　　　　　　　哪个有笔墨？

补　拿　又　则　诗
Buxlaez qyus sal sel?　　　　　哪个有纸书
　　　　　　　　　　　　　　　　哪个有经书？

提　教　的　拜　夯
Dez lauc jih* bail hams,　　　带酒就去问
　　　　　　　　　　　　　　　　带酒就去问，

提　兵　的　拜　茂
Dez bidt jih* bail nangh,　　带鸭就去坐
　　　　　　　　　　　　　　　　带鸭就去请，

提　拜　茂　从　教
Dez bail nangh zuangz* lauc,　带去坐桌酒
　　　　　　　　　　　　　　　　带去坐酒桌，

提　拜　好　从　公
Dez bail os* zuangz* gongl*.　带去粮桌供
　　　　　　　　　　　　　　　　带粮食去供奉。

谷　共　妈　跟　娄
Gueh gogt mal genl lo,　　　　做头来吃啦
　　　　　　　　　　　　　　　　领头的神仙领众仙来吃啦，

耕 麻 保 儿 播　　　　吃了保孝子

Genl maz box* legbol*,　　吃了保佑主事家儿女生活顺利,

耕 麻 保 旧 弄　　　　吃了保亲戚

Genl maz box* jius* nduangl*.　吃了保佑主事家亲戚富有。

保 三 完 堂 浪　　　　保三天到黑

Box* saaml wanz* dangz labt,　保三天到黑,

保 七 完 堂 用　　　　保七天到亮

Box* xadt wanz* dangz roongh.　保七天到亮。

保 大 事 大 吉　　　　保大事大吉

Box* daq siq daq jif,　　保大事大吉,

保 富 贵 平 安　　　　保富贵平安

Box* fuq guiq pinf ngany.　保富贵平安。①

---

①这个版本的《请师经》比较简单,把先师请来后就开始做各种准备工作。

布依族摩经典籍

摩当王经

GUEH JIEX* SINGL*/解救冤魂经

Gueh jiex* singl*（"谷姐心"），即解救冤魂经。Gueh（"谷"）即做，这里指寻找、解救非正常死亡亡灵的仪式。Jeex（"姐"）是非正常死亡的亡灵。布依族认为，由于是非正常死亡，所以其亡灵不能归到祖灵那里。非正常死亡的亡灵，有的被抓到天牢，受尽折磨；有的到处游荡，成孤魂野鬼，得不到子孙后代的奉祀。Singl*（"心"），布依语通常叫神仙为 singl*，同时也把非正常死亡的灵魂也叫 singl*，那么经文里的 singl* 具体指什么，要结合经文的前后内容来理解。这里的 singl* 是指非正常死亡的灵魂。Jiex* singl* 就是非正常死亡的亡灵。Gueh jiex* singl* 就是寻找、解救非正常死亡的亡灵，把它们送到祖宗那里，让其成为这个家族的祖宗神，享受子孙后代的奉祀。

本章分为前后两部分。前部分是摩师受事主所托，为事主去寻找、解救事主家族非正常死亡的亡灵，即 jiex* singl*（"姐心"），然后把找到和解救出来的亡灵送到事主家族的祖宗那里。后一部分是驱赶跟随而来的其他 jiex* singl*。因为事主家非正常死亡的亡灵是 jiex* singl* 期间与其他 jex* singl* 在一起，摩师把事主家 jiex* singl* 找到送走后，过去在一起的 jiex* singl* 会跟随而来，所以要把它们赶走。

Gueh jiex* singl* 的故事情节很有感染力，仪式感非常强，可以说是一部不用修饰的、令人震撼的"神话话剧"。

Gueh jiex* singl* 经文是第一次翻译，在已经翻译出版的摩经里都没有翻译这一部分，所以很有研究价值。

枚	拿	三	段	门	三	败	没哪三寻你三方
Miz laez saaml duans*① mengz saaml bies*，							没有人三次去三方寻找你，

---

①duans*（"段"）译为汉语很困难，在汉语里没有一个词的意思与其接近。"段"可以理解为灵魂说话、交流等。摩师去寻找亡灵，就要不断地问，不断地呼唤："某某亡灵你在不在这里，我来接你回家"，这一过程就是"段"。

卡　勾　三　段　　门　三　败　　　　　只我三寻你三方
Gah gul saaml duans* mengz saaml bies*.　　只有我①三次去三方寻找你。

枚　拿　四　段　门　　四　败　　　　　没哪四寻你四方
Miz laez sis suans* mengz sis bies*,　　　没有人四次去四方寻找你，

卡　勾　段　门　拜　四　败　　　　　只我四寻你四方
Gah gul sis duans* mengz sis bies*.　　　只有我四次去四方寻找你。

枚　拿　五　段　　门　五　败　　　　　没哪五寻你五方
Miz laez hac duans* mengz hac bies*,　　　没有人五次去五方寻找你，

卡　勾　五　段　　门　五　败　　　　　只我五寻你五方
Gah gul hac duans* mengz hac bies*.　　　只有我五次去五方寻找你。

枚　拿　六　段　　门　败　了　　　　　没哪六寻你六方
Miz laez rogt duans* mengz bies* liaux,　　没有人六次去六方寻找你，

卡　勾　六　段　　门　败　了　　　　　只我六寻你六方
Gah gul rogt duans* mengz bies* liaux.　　只有我六次去六方寻找你。②

枚　拿　败　门　欢　你　了　　　　　没哪去你魂这了
Miz laez bail mengz wanl nix liaux,　　　无人去找到你灵魂，

卡　勾　败　门　欢　你　了　　　　　只我去你找这了
Gah gul bail mengz wanl nix liaux.　　　只有我去找到你灵魂。

---

①我，指摩师。下同。
②布依族认为，非正常死亡的亡灵不能归到祖宗那里，有的被抓到天牢，受尽折磨；有的到处游荡，成孤魂野鬼，
得不到子孙后代的奉祀。Gueh jiex* singl*（"谷姐心"）仪式就是要把这些亡灵找到，让其回归祖宗那里。这几句就
是摩师告诉亡灵，由于你这个亡灵是到处游荡的孤魂野鬼，过去没有人找你，现在我到四面八方寻找你，要把你送到
祖宗那里。

枚 拿 要 门 欢 你 杜
Miz laez aul mengz wanl nix dauc,
没哪要你魂这回
无人带你灵魂回，

卡 勾 要 门 欢 你 杜
Gah gul aul mengz wanl nix dauc.
只我带你魂这回
只我带你灵魂回。①

面 你 内 完 你
Ndianl nix ndil wanz* nix,
月这好天这
这月今天吉利，

卑 你 内 完 你
Bil nix ndil wanz* nix.
年这好天这
这年今天吉利。

完 内 你 因 牙
Wanz* ndil nix rens* raz*,
今好这请神
今天是吉日好请神仙，

正 勾 道 因 牙
Nix gul dauc rens* raz*.
这我到请神
我这就来请神。

完 你 内 拉 送
Wanz* nix ndil ndah* songs,
今天好摆送
今天好送神，

正 勾 妈 内 送
Nix gul mal ndah* songs.
这我来摆送
我就来送神。②

未 送 文 拉 更
Miz songs wenzlaez genz,
不送哪人上
不送上面的哪个神，

①这两句说的是摩师找到了亡灵，并把亡灵带回来。这个版本比较简略，没有描述去寻找和解救亡灵的过程。有的版本用很长的段落来描述寻找和解救亡灵的过程。

②这一节介绍请摩师来 gueh jiex* singl*（"谷姐心"），是良辰吉日，暗示仪式会很顺利。布依族无论做什么事都要选择吉日。

未　送　文　拉　屡　　　　　不送哪人以前
Miz songs wenzlaez ndux.　　　不送以前的神。

未　送　卜　拉　开　　　　　不送哪个远
Miz songs buxlaez jail,　　　　不送远的哪个神，

未　送　文　哪　恩　　　　　不送哪人其他
Miz songs wenzlaez ens*.　　　不送其他神。①

正　门　困　十　九　姐　心　　这你管十代姐心
Zens* mengz kunx* xib xeeuh jiex* singl*,　你管十代的"姐心"，②

娄　十　九　姐　心　　　　　前十代姐心
Ndux xib xeeuh jiex* singl*.　　十代以前的"姐心"。

心　了　呆　内　达　　　　　鬼这死里河
Singl* nix daail ndael dah,　　　这个恶鬼是死在河里的，

六　去　妈　卧　那　　　　　血就来现脸
Lied jiz* mal qvues* nac,　　　满脸都是血，

亚　去　妈　卧　浪　　　　　烂这来出身
Qyas jiez mal os ndaangl.　　　全身都被打烂了。

——————————

①这一段明确摩师的任务，就是来送你这个亡灵。

②这两句经文非常难理解，很多摩师都错读、错误理解。"十"就是数字十，但是这里的"九"即xeeuh（辈、代）是指一代人两代人的代，不是数字九。由于十和九连在一起，所以很多人读为数字十、九，也理解为数字十、九。但是这里是十代（xib xeeuh），Zens* mengz kunx* xib xeeuh（"正门困十九"）的意思是你管十代以来的"姐心"。"姐心"就是非正常死亡的亡灵。这一句完整的意思是我来请这个家族十代以来非正常死亡的亡灵。下一句 Ndux xib xeeuh jiez* singl*（"娄十九姐心"）的意思是十代以前非正常死亡的亡灵也一同请。这两句其实是一个意思，就是摩师告诉亡灵，我来寻找这个家族所有的"姐心"，即所有非正常死亡的亡灵。这一章从开始至此，是描述摩师寻找、解救事主家非正常死亡的亡灵"姐心"，把这些"姐心"送到他家族的祖宗那里，它们就不是"姐心"了，就成了这个家族的祖宗神。由于这些亡灵在当"姐心"期间，和其他"姐心"在一起，摩师把事主家的亡灵找到后，过去在一起的这些"姐心"们会跟随事主家的亡灵来事主家，所以摩师要把跟随来的这些"姐心"赶走。本章的下一部分就是描写摩师如何驱赶跟随来的这些"姐心"即恶鬼。

谷　衣　六　道　好
Gueh qyil* lied dogt haaul,

做医血滴白
血流完了无法抢救，

草　衣　六　道　定
Songs qyil* lied dogt hes.

就医血滴干
血已经流干医不了。

定　白　门　元　你
Dingl* bux mengz raanz nix,

侵害你家这
你家被恶鬼侵害，

妈　墓　南　元　你
Mal mos* naanz raanz nix.

来这难家这
来侵扰这家。①

收　妈　哈　因　牙
Sul mal haec rens* raz*,

你们来叫请神
你们叫我②来请神，

收　劳　哈　拉　送
Sul nauz haec ndal* songs,

你们说叫摆送
你们喊我来送神，

偷　令　妈　拉　送
Gul jiz* mal ndal* songs.

我就来摆送
我就来送神。

并　盖　杀　妈　送
Bidt gais gac mal songs,

鸭鸡杀来送
拿鸡鸭来送，

妈　南　将　妈　送
Mal ndaangl jiaus* mal songs,

狗身大来送
用大狗来送，

盖　身　浪　妈　送
Gais ndaangl ndil mal songs,

鸡叫好来送
用大公鸡来送，

①这一段描述各种非正常死亡的亡灵来侵害。这个版本比较简略，列举非正常死亡的类别不多。
②你们，指主事家；我，指摩师。

解救冤魂经
GUEH JIEX* SINGL*

旁　丈　教　妈　送　　　　　　布包头来送
Bangz zaangz* jauc mal songs,　　　戴孝帕来送,

斗　好　林　妈　送　　　　　　斗粮食来送
Daux ox* linz*① mal songs,　　　斗装谷来送,

升　好　马　妈　送　　　　　　升燕麦来送
Singl* ox* max* mal songs,　　　升装米来送,

并　坐　养　妈　送　　　　　　鸭放水来送
Bidt nangh ramx mal songs.　　　拿水鸭来送。

送　门　条　拜　约　　　　　　送你逃出外
Songs mengz deeuz bail roh,　　　送你逃出去,

送　门　拜　平　更　　　　　　送你去地方上
Songs mengz bail beangz genz,　　送你②去上面的坝子,

送　拜　败　崩　午　　　　　　送你去地方荒芜
Songs mengz bail beangz wus*.　　送你去荒芜处。

五　十　卑　枚　道　　　　　　五十年不回
Hac xib bil miz daaus,　　　　五十年不回,

送　拜　劳　枚　妈　　　　　　送去永不回
Songs bail nos* miz mal.　　　送去永不回。

---

①ox* linz* 原义指公粮、缴租的粮食,这里指好的粮食、质量好的粮食。
②你,指恶鬼。

送　亡　丫　枚　啥　得　元　你　　　　送鬼坏不让转回家这
Songs faangz qyas miz haec daaus raanz nix，　送走的恶鬼不准再来这家，

送　亡　心　枚　哈　把　元　你　　　　送亡心不许粘家这
Songs faangz singl* miz haec baz* raanz nix.　送走的冤鬼不许再进这家。①

偷　妈　占　元　你　谷　好　　　　　　你们来遇家这做饭
Sul mal xabt raanz nix gueh ox*，　　你们来遇这家做饭，

逃　　元　你　谷　卖　　　　　　　　落家这做线
Dogt raanz nix gueh mail，　　碰到这家纺纱织布，

怀　元　你　谷　内　　　　　　　　　　棉家这做好
Sec* raanz nix gueh ndil.　　这家棉花种得好。②

偷　你　七　卜　胎　　　　　　　　　　你们这遇先生
Sul nix xabt buxdais*，　　你们遇先生，

偷　你　七　买　思　　　　　　　　　　你们这遇买书
Sul nix xabt zeix* sel.　　你们遇到先生带摩书。

偷　你　七　卜　胎　　　　　　　　　　你们这遇先生
Sul nix babt buxdais*，　　你们遇先生，

偷　你　七　买　沙　　　　　　　　　　你们这遇买纸
Sul nix babt zeix* sal.　　你们遇到先生带纸钱。

---

①这一节摩师找到了很多非正常死亡的亡灵，不是事主家的亡灵不能留下，要送走。要送走与事主家不相干的这些恶鬼，就要用很多祭品。摩师要求这些恶鬼走得远远的，不再来骚扰事主。这也是布依族文化突出之处，虽然是恶鬼，也要以礼相送，不是一开始就暴力驱赶。把其他恶鬼送走后，才开始与接回来家里非正常死亡的亡灵交流。
②这三句是对事主家的亡灵说的，告诉亡灵其子孙后代生活非常好。这个版本这一段也精简了不少。

六 甲 六 翁 六 洪 六 贵　　六甲六翁六洪六贵
Rogt gegt* rogt hongl* rogt wongz* rogt guis*，　六甲六翁六洪六贵①，

十 二 报 六 驼　　十二布洛陀
Xib ngih Baus legdoz②.　　布洛陀及十二个弟子。

墓 板 定 枚 乃　　摩板钉不得
Mol baanx*③ dingl* miz ndaix ?　　摩板钉没有？

墓 偷 定 去 乃　　摩书钉就得
Mol dul dingl* jis* ndaix，　　摩书你们钉就行。

墓 板 钻 枚 乃　　摩板钻没得
Mol baangx* mbuangs* miz ndaix?　　摩板钻没有？

墓 偷 钻 去 乃　　摩书钻就得
Mol sul mbuangs* jis* ndaix.　　摩书你们钻就行。④

四 高 徒 偷 你　　四角字你们这
Sis gaul duez* sul nix，　　四个角的这个字，

偷 你 四 本 之　　书这四本书
Sel nix sis benc* sel，　　这里的四本书，

八 高 徒 偷 你　　八角字你们这
Beedt gaul duez* sul nix，　　你们拿的简牍八个角的字，

---

①六甲六翁六洪六贵是摩祖师布洛陀十二个弟子的四名弟子，这里虚指布洛陀的十二个弟子。
②Xib ngih Baus legdoz(十二布洛陀)指布洛陀的十二个弟子，不是指有十二位布洛陀。
③Mol baanx* 即摩板就是木简牍或者竹简牍的经书，说明是使用简牍的时代。
④这一段描写摩师们带的经书摩板是木简牍或者竹简牍，这是第一次在布依族摩经文献里出现简牍，也就是说最晚是汉代以前。在简牍的两头钻孔，然后用绳子串起来。

偷你　八　本　之　　　　　　　书这八本书
Sel nix beedt benc* sel,　　　　　这是八本书,

偷　你　九　本　私　　　　　　书这九本书
Sel nix guc benc* sel.　　　　　这是九部书。

私　板　定　枚　乃　　　　　　书板钉不得
Sel baanx*①dingl* miz ndaix?　　书板钉没有?

私偷　定　去　乃　　　　　　　私你们钉就得
Sel sul dingl* jis* ndaix,　　　　摩书你们钉就行,

私　板　解　枚　乃　　　　　　私板钻没得
Sel baangx* mbuangs* miz ndaix,　书板钻开就行,

私偷　解　去　乃　　　　　　　书你们钻就得
Sel sul mbuangs* jis* ndaix.　　　摩书你们钻开就行。②

洪　门　送洪　挂　硐　完女　　手你送手过坝今天
Fengz mengz songs fengz gvas dongh wanz*nix,　今天我手送你③过田坝,

洪　门　定　拜　拉　　　　　手你锤去下
Fengz mengz dingl* bail lac,　　　你手锤下去,

因　女卡　云　浪　　　　　　神刀这杀跟后
Qyaangx nix gac yiz* langl.　　　这刀后面杀。

洪　门　定　拜　贯　　　　　手你锤走前
Fengz mengz dingl* bail goons,　　你手锤前面,

────────────────

①Sel baanx* 即书板,与前面的摩板相同,指木简牍或者竹简牍的经书,说明是使用简牍的时代。
②前一段摩板说明是摩经简牍,下一段有书板说明经书是完整的书籍体例,不是单独的一块一块写有摩经的木板或者竹板,而是编串成一捆(册)的经书。
③我,指摩师;你,指恶鬼。

因　　女　夜　了　老　　　　　　神刀这看了怕

Qyaangx nix yez* yiz* laaux.　　　这刀鬼看见就怕。

因　　女　保　了　爱　　　　　　神刀这保全部

Qyaangx nix box* leeux saauh*,　　此刀保佑全家都顺利,

因　　女　因　了　内　　　　　　神刀这神刀了好

Qyaangx nix qyaangx leeux ndil.　　这把刀是最好的刀。

劳　门　号　正　你　洪　因　　　讲你话请这把神刀

Nauz mengz haaus sens* nix fah qyaangx,　诵读经文请你这把神刀,

号　门　劳　正　你　洪　因　　　话你说请这把神刀

Haaus mengz nauz sens* nix fah qyaangx.　你诵的是请神刀经。

完　玉　道　门　朝　　　　　　　天一回你鞘

Wanz* idt daaus mengz zoz*,　　　今天刀入鞘,

将　凶　随　门　又　　　　　　　中二洗你在

Jaangl soongl sois mengz qyus.　　第二天洗磨。

云　定　门　去　妈　　　　　　　铜鼓打你就来

Ninz* dingl*① mengz jis* mal,　　铜鼓响你就来,

坝　定　门　去　交　　　　　　　锣敲你就到

Laz* dingl* mengz jis* dauc.　　锣响你就到。②

―――――――――

①dingl*原义有打、敲、锤等义,在不同的语境下使用不同的词义。

②这一段全部讲神刀经,多数经书"神刀"一词用汉字"养"记音。有的经书专门有一章经文唱诵神刀,这部经书把唱诵神刀的经文放在这里,着重渲染神刀的威力。

亡　哪　又　共　操　元　你　　　　鬼哪在根柱屋这
Fangz laez qyus gogt saul raanz nix，　　哪个鬼躲在柱头脚，

现　拜　因　勾　六　　　　　　　　用尖神刀我捅
Yongl* byaail qyaangx gul dos*．　　　　我用尖刀捅。

亡　那　又　抵　烟　元　你　　　　鬼哪在下缸屋这
Faangz laez qyus lac qyiangl* raanz nix，　哪个鬼躲在水缸脚，

现　共　因　勾　高　　　　　　　　用根神刀我锤
Yongl* gogt qyaangx gul gos*．　　　　我用刀把锤。

亡　蜡　又　抚　元　元　你　　　　鬼哪在角房屋这
Faangz laez qyus gaul raanz raanz nix，　哪个鬼还在房角躲，

现　拜　因　勾　西　　　　　　　　用尖神刀我割
Yongl* byaail qyaangx gul qiex*．　　　　我用刀尖割。

三　高　元　元　你　内　半　去　半　　三角房屋这好冲就冲
Saaml gaul raanz raanz nix ndil buangh* jis* buangh，三个房角你要跑就跑，

四　高　元　元　你　内　条　去　条　　四角房屋这好逃就逃
Sis gaul raanz raanz nix ndil deeuz jis* deeuz．　四个房角你要逃就快逃。

洪　哈　仲　音　老　浪　卡　　　　皇叫仲音大帮杀
Weangz haec Zongs yingl lox* langl gac，　天帝派仲音①神来帮杀，

洪　哈　仲　岜　浪　让　　　　　　皇叫仲岜帮捆
Weangz haec Zongs byac langl laamh*．　　天帝派仲岜神来帮捆。②

———————————

①仲音及下一句的仲岜，均为人名，是布依族传说中的神。
②这里出现两个降妖捉鬼的天神仲音和仲岜。这里的两个天神第一个音都是仲，从分工来看钟馗与仲音相似，有可能是同一个神。仲岜就是神雷。这里提到这两个天神是为了提醒这些恶鬼，你们不赶快逃走，天神仲音和仲岜就要来捉拿你们了。

乃　九　门　管　拜　　　　　得救你就走

Ndaix jius* mengz guangx* bail,　　得救了你各自走，

卜　蜡　又　去　标　　　　　哪个在就抓

Buxlaez qyus jis* byauh*,　　哪个在就抓，

卜　蜡　条　去　配　　　　　哪个逃就逃脱

Buxlaez deeuz jis* beis*.　　哪个逃就放。①

布依族摩经典籍

摩当王经

①最后一段是描写摩师驱赶妖魔鬼怪的过程。对这些妖魔鬼怪，摩师主要是驱赶，让它们离开。天神只抓赖着不走的恶鬼。这一段需要注意的是对"洪"这个音的理解。Fengz mengz dingl* bail lac（"洪门定拜拉"）的 fengz（"洪"）是指手，weangz haec Zongs yingl lox* langl gac（"洪哈仲音老浪卡"）的 weangz（"洪"）指天帝。不同的语音使用了相同的汉字记音，如果对经文不是很熟悉，就无法翻译，所以很多学者翻译的经文不够准确。

MOL DOS* ZUANGZ*/祭桌经

Mol dos* zuangz*（"摩多丛"），译为汉语是祭桌经。因为人去世后，亲友们都要来吊唁、来祭祀。近亲都要制作供桌来供奉，每当有亲友拿供桌来供奉亡灵时，摩师就要诵读 Mol dos* zuangz*。

祭桌经各地有长有短，多数是用"布依方块字"记录，用布依语诵读。但近代以来有不少摩师也将传统的摩经译成汉文，诵读时已改用汉语。汉语版本基本内容如下：

你去世在某年某月某日某时，那年有十二个太阳，那年天干旱，那年无粮吃，只得吃野菜。你饿死在外，丢在半坡上，你儿无力盘（即无能力操办丧事）。今年生活好，你儿有钱粮，要拿你来盘。

别人不生病，只你生重病。病了你就死，拿你来装棺。你死丢（下）洗脸盆、死丢（下）凉水井、死丢（下）纺线车、死丢（下）白米饭、死丢（下）金银柜。你死儿来盘，盘你得马骑。骑纸马上天，上天成神仙。成仙你就好，成仙你逍遥。拿你当汉族人，你就成汉族人。拿你当什么人，你就成什么人。拿你在下方，你就在下方。拿你当先生，你就成先生。拿你当啥人，你就成啥人。

来祭桌的人，跪在你灵前，拿供品祭你。拿猪鸡羊供奉，水果糖甜供奉。拿哪样供奉你，你就得哪样。你得啥拿啥，你得你就走。随铜鼓声音走，送你去上天。你得去升天，福气留后人。

今天日子好，富贵在今天。悼念你之人，他念你名字，领你的恩情。供品在灵堂前，你来这里吃。儿女们供你，妇女坐后面，男人跪前面，筷子不够自己拿，碗不够自己找，饭菜自己舀和夹。各人自己吃，吃了你就走，跟着祖宗走。祖宗在哪里，你就去哪里。随着铜鼓声音去，朝着大路去。顺着河边去，朝着鬼路去。顺着幡杆爬上去，去和祖宗在一起。

哪个来祭你，你自己知道。他拿哪样祭，你记得清楚。送给你的你要，拿祭你的你吃。吃过你就走，你去当神仙。要保儿孙福，喂鸡鸡下蛋，喂鹅长成鹅,结婚生儿女,儿子善讲话,女儿善唱歌。

人有生有死,永别在今天。儿女三十人来送别,亲戚九十人来送别。大家都来到,来到你灵前。牛羊猪鸡祭,糖果素品祭。都来祭祀你,都来感你恩。你死去远方,你得去天上,你变成神仙。送你的你带走,祭你的你吃尽。幸福留给人,留给你儿孙。叫儿好就好,叫儿发就发,发达今天起,富贵起今天。人活一百岁,像棵不老松。家发辈辈旺,金银财满屋。

这个汉语版的《祭桌经》翻译水平较低,录于此只是让读者了解殡亡仪式的概貌,下面布依语版的《祭桌经》虽然是简化版的,但仍具极高的文化价值。

诗	诗
Sel,	诗(开场音),
没 胜 补 拿 更	不请哪个上
Miz sens* buxlaez genz,	不请上面的人,
没 胜 文 拿 娄	不请哪人前
Miz sens* wenzlaez ndux.	不请前辈的人。
没 胜 补 拿 价	不请哪个远
Miz sens* wenzlaez jail,	不请远方的人,
没 胜 歪 拿 问	不请其他人
Miz sens* wenzlaez ens.	不请其他的人。①
用 报 达 完 拿	看祖宗哪天
Yongh* bausyah wanz* laez,	你②去世的那天,
堂 朋 见 约 见	世人痛会痛
Dangz beangz jiadt rox jiadt,	世人都会病,

---

①这几句告诉亡灵现在是专门祭祀你。
②你,指去世者。

门　机　没　约见　　　　　你就不会痛
Mengz jis* miz rox jiadt.　　　你就不会病。

堂　　朋　约见　约内　　　世人会痛会好
Dangz beangz rox jiadt rox ndil,　世人病会好，

门　机　没　约内　　　　你就不会好
Mengz jis* miz rox ndil.　　你就不会好。

妈　见　完　昨　呆　　　　来痛明天死
Mal jiadt wanz* zoh* daail,　一病你就去，

妈　呆　完　作　命　　　　来死明天命
Mal daail wanz* zoh* mingh.　明天命就终。

关　麽　顿　门　呆　　　　什么害你死
Gec* maz hec* mengz daail?　你去世的原因是什么？

温　色　顿　门　浪　　　　何事害你闭
Wens* sez* hec* mengz labt?　何事害你闭了眼？

顿　门　浪　沙　烂　　　　害你闭全了
Hec* mengz labt sah* la,　害你眼睛全闭了，

顿　门　浪　沙　烈　　　　害你闭全部
Hec* mengz labt sah* les*,　害你眼睛全闭上，

顿　门　呆　沙　罗　　　　害你死全部
Hec* mengz daail sah* lo.　害你完全闭上眼。①

──────────

①这一段是人们经常听到的哭丧词：亡灵啊，别人都没去世，你怎么就去世了呢？是什么害死你的呀？这里用汉字"浪"来记录"labt"，即"闭"的意思，但是很多地方记录"闭"的音是用"后"字，这是经常造成误读误解的原因。

呆　些　劳　养　沟 　　　　　死丢老房我
Daail qieh* laaux raanz gul, 　　　　去世了丢弃自己的住房，

呆　些　盆　细　娜 　　　　　死丢床盖垫
Daail qieh* mbengz* ses*nac, 　　　去世了丢弃床上的铺盖，

呆　些　沙　离　离 　　　　　死丢多样样
Daail qieh* sah* yiangh yiangh. 　　去世了样样东西都丢弃。

呆　些　余　我　应 　　　　　死丢藏粮仓
Daail qieh* yiz* ox* yins*, 　　　　去世了丢弃藏粮仓，

呆　些　贵　金　银 　　　　　死丢柜金银
Daail qieh* guih jiml nganz. 　　　去世了丢弃金银柜。①

堂　朋　呆　没　上 　　　　　世人死不办
Dangz beangz daail miz ens*, 　　他人去世不超度，

门　呆　儿　妈　上 　　　　　你死儿来办
Mengz daail leg mal ens*. 　　　你去世了你儿来为你超度。

榜　文　呆　没　殡 　　　　　寨人死不殡
Mbaanx wenz daail miz bings*, 　　寨里其他人去世了不超度，

门　呆　儿　好　殡 　　　　　你死儿来殡
Mengz daail leg mal bings*. 　　你去世了你儿为你超度。②

殡　门　恨　求　盖 　　　　　殡你上桥雪
Bings* mengz henc jeeuz nail, 　　超度你爬雪桥，

①这一节仍然是哭诉:亡灵啊,你去世了,你原来所使用的东西都丢弃了,但我们看见这些东西就会伤心、难过,就会想念你。
②这几句是赞扬亡灵的儿孙们有孝心,给亡灵举办殡亡仪式。

殡　门　过　求　龙　　　　　殡你过桥龙
Bings* mengz gvas jeeuz longz.　　超度你过铜桥。

拜　根　明　报　押　　　　　去吃地方祖宗
Bail genl beangz bausyah,　　去祖宗那里，

拜　根　纳　报　押　　　　　去吃田祖宗
Bail genl naz bausyah.　　去吃祖宗的饭。①

劳　门　谷补　哈　　　　　说你做汉族
Nauz mengz gueh Buxhas,　　说你是汉族人，

门　即盘　补　哈　　　　　你就成汉族
Mengz jis* banz Buxhas.　　你就是汉族人。

啥　门　谷　补　农　　　　　叫你做补农
Haec mengz gueh Buxnongz,　　叫你做补农人，

门　机盘　补　农　　　　　你就成补农
Mengz jis* banz Buxnongz.　　你就成补农人。

劳　谷　哈　沙　朋　　　　　说做汉族沙朋
Nauz gueh Has Sahbongz,　　你说是沙朋②的汉族人，

机　盘　哈　沙　朋　　　　　就成汉族沙朋
Jis* banz Has Sasbongz.　　你就成沙朋的汉族人。

①这四句是告诉亡灵它应该去的地方，去祖宗那里，去吃祖宗的饭，去种祖宗的田。要到祖宗那里去就要爬雪桥、过铜桥。
②沙朋及以下的沙外，地名，在贵州省镇宁布依族苗族自治县境内。

劳 谷 农 沙外　　　　　　说做补农沙外

Nauz gueh Nong Sahoh,　　　你说是沙外的补农人。

机 盘 农 沙外　　　　　　就成补农沙外

Jis* banz Nongz Sasoh.　　　你是成沙外的补农人。①

怪 那 吾 机 云　　　　　　转脸别人就游

Oix* nac nongz* jis* yins*,　　一脸转别人就过去了,

解 那 心 机 挂　　　　　　藏脸仙就过

Kex* nac singl* jis* gvas,　　把脸藏起来神仙就过去了,

凹 那 来 机 乃　　　　　　现脸正就得

Oix* nac lail* jis* ndaix.　　只要现真实身份就得。②

没 乃 补拿 更　　　　　　不得哪个上

Miz ndaix buxlaez genz,　　上面没有哪个得,

没 乃 文 拿 娄　　　　　　不得哪个前

Miz ndaix wenzlaez ndux.　　前面没有哪个得。

用 儿 播 奎 门 里　　　　说孝子婿你这

Nauz legbol* goiz mengz nix,　　现在说你的孝子和女婿,

---

　　①这一段经文内容浅显、看似容易理解,所以孝子孝女们来向外家人或者来宾讨要吉祥语时外家和来宾都诵读这一段。但是这一段经文真正的含义往往被人们理解错了,不是叫"亡灵成为'补哈'(Buxhas)即汉族人,亡灵就成为汉族人,叫亡灵成为'补农人'(Buxnongz)即下游人(布依族的另一个支系),亡灵就成为'补农人'。"而是告诉亡灵,它到天上必须老老实实告诉天官自己是哪里的人,才能找到祖宗。如果不如实介绍自己的情况,亡灵说是什么地方的人,天上的管理部门、负责的"天官"就根据亡灵的话安排去处。亡灵说是汉族人,天官就安排亡灵到汉族人部落,亡灵就找不到自己的祖宗。

　　②以上三句与前面一段意思相同,就是说"天官"来审查亡灵时亡灵要如实上报自己的情况,不要隐瞒信息,更不要躲藏。如果躲藏了,天官看不见亡灵,亡灵就过不去铁桥、铜桥。简单的三句话,形象地描述了亡灵通过天界"审查"的情景。与前一段相结合,就是向亡灵交代通关相关的事宜。

的　胜　说　门　浪
Dil* sens* zoh* mengz langl，

他叫名你后
他①叫你名字，

的　胜　浪　门　要
Dil* sens* langl mengz aul，

他叫后你要
他来祭祀你。

说　　迷　摩　多　单
Laaih* meeh mul dox* dangs*，

赶母猪供祭
拿母猪来供祭你，

母　荣　到　多　单
Mul rongz dauc dox* dangs*.

猪羊来供祭
拿猪羊来祭你。

说　　迷　劳　到　劳
Sol* meeh laaux dauc lox*，

赶母大到大
赶大母猪来祭你，

的　　　于　得　我　少　到　多
Ndax* mbidt* dez ox* saux* dauc gongs*，

簸箕带饭热来供
竹饭囊装热饭来供奉你，

的　妈　多　　更　朵
Jiz* mal gongs* genz zuangz*，

拿来供上桌
拿来供桌上祭，

门　机　更　更　朵
Mengz jis* genl genz zuangz*.

你就吃上桌
你把供品全部都吃完。

的　妈　乓　更　云
Dez mal buangx* genz ninz，

拿来放上铜鼓
拿放铜鼓上，

门　机　报　更　云
Mengz jis* genl genz ninz.

你就吃鼓上
你②就在鼓上吃。

①他，指女婿。
②你，指亡灵。

儿　闷　根　更　没　　　　　女儿吃上食

Legmbegt genl genz sez*,　　　孝女的供品在上面

儿　思　根　拉　变　　　　　儿男吃下菜

Legsaail genl lac byagt.　　　儿子的供品在下面。

堂　　楼　　薅　　　　　　　到前爬

Dangz ndux ruanz*,　　　　　到了进，

到　　懂　　样　　　　　　　到共坐

Dauc dungx nangh.　　　　　到就坐。

得　没　堂　收　嘎　班　　　筷不够你们自分

Deh miz dangz sul gah banl,　筷子不够你们自己拿，

对　没　堂　收　嘎　细　　　碗不够你们自洗

Doix miz dangz sul gah sois.　碗不够你们自己洗。

收　嘎　当　嘎　贵　　　　　你们自舀自吃

Sul gah dagt gah genl,　　　你们自己舀自己吃，

收　嘎　应　嘎　根　　　　　你们自烤自吃

Sul gah xingl* gah genl.　　你们自己烤自己吃。①

根　了　门　拜　那　的　档　吃了你去前就好

Genl leeux mengz bail nac dil* ndil,　吃了你去天上就好，

儿　浪　奎　又　浪　机　交　儿和婿在后就头

Leg langl goiz qyus langl jis* jauc.　儿和婿以后各方面都好。

①这一节感觉有点乱，前面祭祀亡灵，请亡灵吃饭，后面又请其他人吃饭。那么来祭祀的人究竟是祭祀谁呢？其实主要是祭祀为其举行殡亡仪式的亡灵。但是家族里的其他亡灵也请它们一同来享用，也就是后面部分。

哈　的　交　妈　播　妈　墨
Haec dil* jauc mal boh mal meeh,
叫他头来父来母
让他们超过父母，

内　妈　儿　妈　兰
Ndil mal leg mal laanl.
好来儿来孙
好及子孙后代。

哈　的　交　十　秀
Haec dil* jauc xib xeeuh,
叫他头十辈
叫他们十代都好，

哈　的　交　坝　秀
Haec dil* jauc bas xeeuh.
叫他头百辈
叫他们百代都好。①

根　了　代　焉　说　拜　更
Genl leeux dais yangl* soh* bail genz,
吃了从这直走上
吃了从这里对直上天去，

好　焉　王　拜　疗
Haaus nix mbaangz* bail liaus*,
话这踩去高
告诉从这里踩上去，

报　掸　从　其　呐
Bausyah qyus jiezlaez,
祖宗在哪里
祖宗在哪里，

门　拜　从　其　远
Mengz bail qyus jiezlaez.
你去在哪里
你就去住哪里。②

①这里有几个字在布依语里非常好理解，但是用汉语很难准确表达，有只能意会不能言传的意思。如"交"（jauc），指头、头部、最高等，这里指最好。如"儿浪奎又浪机交"（Leg langl goiz qyus langl jis* jauc），意思是儿女们用供品供奉亡灵后，儿女们就会心想事成。又如"血妈儿妈兰"（Ndil mal leg mal laanl）的"血"（ndil），意思是这些好处还要福及子孙后代。

②最后这一段再次提醒亡灵升天后去和祖宗在一起。

MOL NAUZ JAUC NAUZ JIES＊/拜客经

  Mol nauz jauc nuaz jies＊("摩劳交劳节")即拜客经。在布依族丧葬习俗中,客人前来祭祀的当夜,有一个程序叫 guangs＊ yaagt＊("光夜"),译为汉语意思是拜客。Nauz jauc nauz jies＊即说吉利话。

  过去布依族举行殡亡仪式需要五到七天,现在精简一些内容也需要三到五天。前来祭祀的客人都是在祭桌的这一天中午先后来祭祀,祭祀结束后由 bux ngox＊("布我")即家族、寨邻接待,这几天吃住都在 bux ngox＊家。这一天的祭祀活动由布摩主持,主人无须陪客人。布依族自古以来十分重视家庭、家族、寨邻、亲戚和朋友间的关系,从不简慢(怠慢)客人。自然,在殡亡活动中也一样。由于白天祭祀活动繁忙,前来祭祀的客人颇多,主家无法一一拜会客人,因此,晚上主家会到客人下榻的 bux ngox＊家一一登门拜访,这一过程叫作 guangs＊ yaagt＊("光夜")。

  "光夜"是殡亡仪式活动中的一个环节之一。去世者的孝子们要吹奏唢呐、敲打铜锣、高呼"局啊,局啊,呜呼",先去拜访老外家客 baus saangl("报上"),然后去拜访前来参加砍牛祭祀仪式的女婿客 goiz nol＊("奎糯"),再顺路依次一一拜访所有前来做客的非直系女婿客,直至拜访完所有的客人。"光夜"要唱诵《拜客经》。当孝子们到客人住的 bux ngox＊家时,孝子们要跪拜敬酒,直至客方的布摩向他们唱诵"劳交劳节"经词结束,扶他们起来此仪式才算结束。

  《拜客经》大意是主家老人去世了通知客人来做客、"赶鬼场"、祭祀亡人,主家有孝心、尽孝道,老人升天后会保佑主家后辈子孙代代富贵达发、儿孙满堂、猪牛满圈、金银满柜,等等。

困 灯 行 未 娄	前墙脚未倒
Goons dinl jingz＊ miz roux＊,	墙脚未倒前,

楼　灯　行　未　那　　　　　　前墙脚未垮
Nduх dinl jingz* miz las*.　　　墙脚未垮前。

困　　补　老　未　呆　　　　　前老人未死
Goons buxlaaux fih daail，　　　老人未去世前，

收　未　来　豆妈　谷　夜　　　你们未催我们来做客
Sul miz lail* dul mal gueh qyes*.　你们没有催我们来做客。

排　里　共　灯　行　里　娄　　　次这根墙脚这倒
Baiz nix gogt dinl jingz* nix roux*，　此时墙从脚倒了，

里　灯　行　轮　那　　　　　　这脚墙才垮
Nix dinl jingz* nix las*，　　　此时墙从根垮塌了，

里　补　老　轮　死　　　　　　这老人才死
Nix buxlaaux zaiz* daail.　　　老人这才去世。①

收　来　豆吗　谷　夜　　　　　你们催我们来做客
Sul lail* dul mal gueh qyes*，　你们催我们来做客，

老　门　呆　完　拿　到　娄　　老你死哪天到前
Laaux mengz daail wanz* laez dauc nduх?　你家老人是哪天去世的？

柳　　完　拿　到　困　　　　　是哪天回困
Laaux wanz* laez dauc kunх*？　是哪天离世的？②

━━━━━━━━━━━━

①这里把老人比喻为墙，老人去世就像墙"垮"了一样，对一个家庭来说那是地动山摇、昏天黑地的打击。
②这是客人问孝子，老人是什么时候去世的？

儿　门　妈　跪　那　丛　得　　　　　儿你来跪前桌这
Leg mengz mal guih nac zuangz* nix,　　你儿来跪桌子前,

的　妈　交　那　补　夜　　　　　　　就来头脸客人
Dil* mal jauc mac buxqyes*,　　　　　就来拜访客人,

的　妈　跪　劳　交　　　　　　　　　就来跪说好
Dil mal guih nauz jauc,　　　　　　　就来跪要吉祥语,

的　妈　牢　劳　节　　　　　　　　　就来讲说发
Dil* mal nauz nauz jiel*.　　　　　　就来要讲封正话。①

幸　盖　变　金　鸡　　　　　　　　　养鸡变金鸡
Jingx* gais banz jinyjiy,　　　　　　养鸡变成金鸡,

呕　约　变　凤　凰　　　　　　　　　养鸟变凤凰
Eul* rog bings* fongqhuangf.　　　　养鸟变成凤凰。

怪　说　我　读　长　　　　　　　　　水牛壮像大象
Waaiz soh* os* duezzaangx*,　　　　养水牛像大象,

母　灭　个　墨　牛　　　　　　　　　猪母像犀牛
Mul meeh os* xiyniuf.　　　　　　　养肥猪像犀牛。

得　堂　言　儿　门　　　　　　　　　带到家儿你
Dez dangz raanz leg mengz　　　　　吉祥语带到主家,

堆　富　贵　完　里　　　　　　　　　好富贵今天
Ndil fuqguiq wanz* nix,　　　　　　今天得富贵,

①客人请孝子们跪到前面来好封正（赐吉祥语）。

保　十　坝　读　马
Box* xib bas duezmax,

保　五　坝　读　歪
Box* hac bas duezwaaiz,

保　骨　失　儿　耐
Box* lac yinl* legnaih*.

者　儿　门　盘　文
Haec leg mengz banz wenz,

哈　盘　根　几　秀
Haec banz genl jis* xeeuh.

者　儿　门　富贵
Haec leg mengz fuqguiq,

秀　秀　都　谷　首
Xeeuh xeeuh duy gueh saic*.

保十百马
保千匹马儿,

保五百牛
保五百头牛,

保院坝子孙
保主家子孙。

现儿你成人
保主家有成就,

叫成吃几辈
世世代代不愁吃。

现儿你富贵
保主家得富贵,

辈辈都做头
辈辈做高官。①

①最后一段是客人赐予孝子们的吉祥语。

MOL YINGL NINZ/祭铜鼓经

Mol yingl ninz（"摩焉云"），布依语 ninz（"云"）是铜鼓，yingl（"焉"）是挂，yingl ninz（"焉云"）就是挂铜鼓，mol yingl niz（"摩焉云"）就是祭铜鼓经。布依族人认为，铜鼓是神器，铜鼓的声音能传到天上，是人间向天上禀报重要事情的法器。天神通过铜鼓的不同声音就知道人间发生了什么事，所以过去是不能随便敲铜鼓的。举行殡亡仪式敲打铜鼓，就是通知天神有亡灵要到天上报到。由于铜鼓是通天的法器，所以使用铜鼓前要祭铜鼓，

这个版本的祭铜鼓经已全部翻译成汉语，诵读时也用汉语。其他版本有的是用布依语诵读，有的是部分用布依语诵读、部分用汉语诵读，当然内容大同小异。

奉请天兵利老君，
铜鼓三千八万兵。
我吊铜鼓打，
大鬼不要动，
小鬼不要哼。
奉请太上老君，
急急如律令。
按鬼赶鬼不留身，
大鬼小鬼，
现在吊起来，
紧紧锁紧紧锁（敲鼓）。

SAUH* LEIL* / 叫礼经

布依族殡亡仪式中祭祀活动多,每项具体的仪式都有特定的祭祀内容。前来祭祀的每拨宾客,特别是老母舅家客(布依语叫"报上")和女婿客,必须把祭供亡人的猪头、猪大腿或者大块猪肉,以及鸡、糖果、香烛、纸钱等拿到灵堂前供奉。主持殡亡仪式的布摩要集体朗诵《祭桌经》。前来祭祀的客人中有的还要撰写祭文。来参加砍祭牛活动的女婿(布依语叫"奎诺")必须有祭文,并在祭祀现场朗读祭文。摩师(布依语叫"教摩")在祭桌中有"叫礼"环节。叫礼环节由领头的摩师朗诵祭祀经。当朗诵到"听尔听文,奉请先生读书文"时,女婿(包括其他有祭文的客人)一方的摩师就开始朗诵为亡人写的祭文。如公元某某年某某月某某日,贵州省镇宁布依族苗族自治县某某乡某某村岳父(母)大人年登几十岁不横今年今月今日今日犯大病小病不横,孝婿备肥猪一头、鸡鸭糖果、荤素供品前来下祭……此时,主持殡亡仪式的摩师诵读《叫礼经》,祭桌的先生诵读祭文。《叫礼经》和吊唁词句各执各事,形成深切悲哀的"交响乐"声,使祭祀呈现出庄严肃静的氛围。

镇宁布依族苗族自治县一带的布依族殡亡祭祀《叫礼经》使用的是汉语,祭文是汉文,是布依族在丧葬习俗中学习和吸纳汉文化的结果,是民族文化交流交融的体现。

《叫礼经》原文[1]:

> 高朋满座,良有一亭。
> 吊者大曰,祭祀就录。
> 自古学读,不尽圣贤之书。
> 其不见周公之礼,子告子曰。
> 孟孙问孝于我,我对曰:

---

[1] 此原文有错别字和文理不通之处,但为了保持原貌未进行修改。

无谁还时日,何为也?

子曰:生事之也礼,

死葬之也礼,祭之也礼。

可为孝也,孝通天下十三省之礼葬。

礼行也,口传心授,

天下之通用也,执事者。

各执其事,读书者,

各讲其名,明君君子。

其古古子,受若若者,

进退三星,进受三星。

乎已、乎已、寨人,几时上上寿。

亡灵位落,我举一香。

敬一香,之乎也,之乎也。

儿子儿孙个个哭哀哀,望前不见。

不见大人之面,望后不闻。

不闻大人之声,须也,

可也伤痛哉,泪如雨滴。

何何涌也,泯泯跃也。

上香,初敬老香,亚敬卖香,三敬生香。

此香不是非凡香,乃是亡人空惆怅。

有从良缘魂相激,阴阳二此各安康。

献白,初献白,亚献白,三献白。

献白已毕。

三落归台,此白不是非凡白,

生魂免话达阴间,收固黄泉受用。

保佑儿子儿孙得奠贤。

奠脚,初奠脚,亚奠脚,三奠脚。

奠脚已毕三落归台。

酒食杜康所造,其事周男所为,

今日用去撒高归,献吃。

初献吃,亚献吃,三献吃,献吃已毕。

三落归台。

食至从明驾穴来，

太公太母归两路，收拾糯米敬灵牌。

献素，初献素，亚献素，三献索。

献素已毕，三落归台。

粒为平，素为刚。

阴比阳用，孟子现，

梁会王，摆了十桌转八碟，

不是亡人起来尝，生人不免死人意，

免去一时免心肠。

献豆花，献根尔笋，献金条。

献刚烈油毛，献糖食果品。

献拿够拿应，折身高文。

听耳听文，奉请先生读书文。

要相见，难相见，

除非梦中来相见。

要相逢，难相逢，

除非梦中来相逢，除非纸上化身容。

今日酒少无由报，祭去天押永长空。

呜呼、哀哉，父母何日得转来？

呜呼、痛哉，父母死去不回来。

呜呼、惜哉，从此天下永无知音。

叩首，尚飨，动乐。

墓敢
諕困未少吉好寿我爸朝好寿尧谷看好
用孟媽下好用ㄟ媽漢分到菜八食檻到
菜八又八麻乂散歌八麻若散看乂散歌
媽遠又散看馬羔分受到宜孟分祠到宜
檻若更籠卜洪榜詩進卜洪馬米娘
媽董貪宜娘而五拜本馬而門枚本馬而

五拜卡懷而門枚卡懷養垓拜卡謂而門
枚卡謂而世金下岩而下安好庶面
兒拜庶面孟而拜占金銀庶照而拜太言
拜礼魯大四拜堂用堂尔拜堂四
堂言拜祠拔補班拜堂言卜哈善哈了上
言漢拜洞班下半五堂五散好而門堂枚好
五列五草橋而門堂攺糕洪遠上逹世逹
庶乜寿懷逹庶拜泰我庶洪逹上逹順逹庶
論寿懷逹庶拜寿我庶地养而媽养地間
而媽門哉干而媽顏太冐而媽德到媽
言德拜子學卜卜世笑亦哈得拜子依八
八世笑亦玉枚首玉亦玉枚首半拜
算作卜油到宋梛拜算作卜龍卜龍
到宋往拜算作同半同半到宋拜
到宋拜

堂那到宋法堂硐拜拉造達乙垻造拜利
拜拉造達二郎造拉造達三垻
○造告拜利拜拉造達乙
垻造令枚告拜拉造達二郎造令拉拜
薰推法枚鹽薰推法
垻阿魋谷酒垻並枚垻阿枚鹽薰
薰推法枚鹽薰推法走谷○而糕枚鹽灣
並枚灣垻阿魋谷酒垻蓋媽旺喜
並並媽旺喜宗薹榮旺喜造媽拉造達乙
拉阿世盤灣垻阿魋谷酒垻
拉造達三垻造令枚告走谷○而糕世盤
○而糕走谷薰魋法世盤魋法酒垻
並灣垻阿於應好散澶弄二禾垻並離離
好散澶弄妹而門於拜拜郎薹而門於拜
拜父弄其乃元中元龍乃亮旦乃弄
庶漢枚蠟德堂硐枚蠟宋堂言枚蠟德堂

枚蠟德法堂言奇柰冑云永奇阜罷云拉
奇阜龍云三十宋堂言三十德堂硐四
十宋堂言三十德堂硐四十法堂言尋媽
下旦乃弄庶漢枚蠟德堂硐枚蠟宋堂言
枚蠟德堂連枚蠟德法堂言奇柰冑云勇
門於拜拜郎薹而門於拜拜父弄而云拜
乃看而應罵乃槲庶媽老媽弄庶郎老郎
萆感廳未乃方柰�末乃而
榮散谷觀相作枚鹽看相埃枚鹽看相
相作枚鹽皆相依散谷看相榮枚鹽看相
堂鳳門薹谷看相埃枚鹽尋媽
十德堂連四十法堂言尋媽堂言奇
奇太他云悶三十德堂硐四十宋堂言三
達枚蠟法堂言奇柰冑云永奇阜罷云拉
堂柰鳳弄媽定鳳門散谷看相埃世盤看
堂柰鳳弄媽定鳳門散谷看相
十宋堂言三十德堂連四十法堂言尋媽
奇阜龍云三十宋堂言三
枚德堂連枚蠟德堂硐枚蠟宋堂言

相埃散谷旹相作世盤旹相作散谷看相
荣世盤看相荣散谷观世盤观相作世盤观相作
万亲芽世乃而芏世乃草
娀廪世乃而門情言盤彼保討言箪并
拜段而拜之拜段见文蓬拜那亦拜
那见文搽媽郎见文搽媽郎遠利
要历論遠利鄧而雜善於内卜老
而論遠利鄧而桃善於好卜老卦紒五世
云外納心世卦法納來世杂半养又芏溝
逹养媽溝草法劳林溝草段云是云是
門未段溝段墓羅牌春門未怪溝媽怪硐
墓羅顕消硐顕消顕庶時媽甫硐
法價乃未硐統後而未硐
夺澶夺澶看等孖三拜夺半夺半少劳朝

硐朝少劳朝硐太朝未乃耕界用秋朝未
乃耕狄埧墓少劳朝硐朝少劳朝硐法朝
未乃耕界用應朝未乃耕半埧墓水見
門水児閊亦了舊文慢乃亦慢乃亦令在
怪憂旁無五未乃界用硐郎馬未盤水見
閊門水児閊亦了旧文慢乃亦慢乃亦令
王怪憂旁無六未乃界用硐浪卜未盤水
児武門内少約上約衣水児閊門門内少仍
昭約射應今平未乃平今定未乃旦布進
埃花拜憂巴弄撐拜入遠到妞拜如遠到
半芽才巧児本遠才閊児外芽才巧児培
遠才至玉児門外七月時更見
云時难見門拜漢坐更見納埧令時拜
漢坐下見納太了門止礼其了洪工礼其

附录：原经文影印

了派盖占相枚占匕甫尔虑嫣占干卡定
到干卡养万好匕乃亦宗心巧养万文
平乃甫宗甫匕了桑难门乃甫
了旦难门嫣占問門乃提ㄇ友江與提ㄇ
太江熊知之乱慈亦念ㄇ
拜拜半汉心拜拜廖礼心拜
拜廖忍枚哈ㄇ秀虏牧哈ㄇ呈远牧堂ㄇ
困心好旦谷江ㄇ好旦谷江心好江谷納ㄇ
ㄇ好江谷用ㄇ好卡谷用心
情熊耕老ㄇ脂熊耕老心好骂桃花谷五
ㄇ好骂桃花谷五心好暴正尔後耕ㄇ好
暴正尔後耕云正拜正父你拜骂於到云
正拜正到好盖到堂下友四造並盖ㄇ
ㄇ困好荣高ㄇ困地畫下友四開並盖ㄇ

困拉母嫣ㄇ困地ㄇ世拜亦妹ㄇ世未的
丁五借登ㄇ信登信难ㄇ信登难五見ㄇ
ㄇ見登ㄇ慢ㄇ至拜亦妹ㄇ至未的丁
門定奇又未鋼洪門万奇風於念ㄇ至拜
亦妹ㄇ至未的丁骂堂季風嫣保ㄇ
内要外與你ㄇ嫣占ㄇ内汉外與門ㄇ
永見忍ㄇ内嫣占ㄇ更乃水見我ㄇ内
倒菜ㄇ厌得文拜埧旦ㄇ至拜埧為得ㄇ
拜忍内ㄇ至拜忍牙賠盂占並賠免占
免哀汉ㄇ到别怔宗怔來ㄇ到别貢宗貢
私又尋尋又斗老又用牙又平九寨牙又
拜十朝牙又弄四海牙又寨宛亦牙其
宛達仲宗文拜要仲宗貢拜丑仲宗甫拜
埃宗文拜以要宗貢拜以汶拜堂用堂尔

· 93 ·

拜堂四堂言拜硐潲甫班拜堂言甫哈官
與浪枚劳牙垻骨漢囙到好麻正宗膏到報
麻宗老枚好麻正好枚報麻正内劳心子
汝旁劳心裏汝养德思妈連牙妈漢垻
賢旁杀芽勾乃汝骨薩過馬勾乃蕯过
當谷界文勾乃汝骨三过太勾才汝骨别
了好應遠旁杀芽心乃蕯过馬心才界當

谷界又心乃三过太心才别了好應永过
心乃别的太心才别永过勾乃拜太勾
才勾厭别了好應其牙礼時太桑宗光時
太平其蜡桑哈进其蜡平牙長玉盤十思
五玉盤十思友丹礼卦宗盆丹礼卦三盆
五玉盤十思心老麻見何漢賢向至礼盤三坡
礼盤十思心老麻見何漢宗盆丹礼卦三盆

里盤十思勾老麻見何漢賢向兄儒亦半
到兄儒亦好女漢才心内太才心内养
枚見散心吾枚見龍寿見散心革枚
見哈弄見成玉之見門得拜慶言更成文
光到慢蒲枚後正女洪凡呆麻並
到慢蒲枚後正女洪凡呆麻心
亦卜心呆麻並心哈盤不法亞哈卡盤内

並哈盤富貴並哈盤馬貴並哈利媽浪買
干卡令关入洪太令关的浪礼心念的礼
仲心了約的碗高懷拉的埃價菜堯拜要
呀遠德拜拉占蔂德妈懵拉占蔂慶
門情占風慶老糯老那應壽
老令乃谷光章浪旦卜蔂旦布蔂公用老
拜平枚心老枚心到妈垻連一心内亦寵

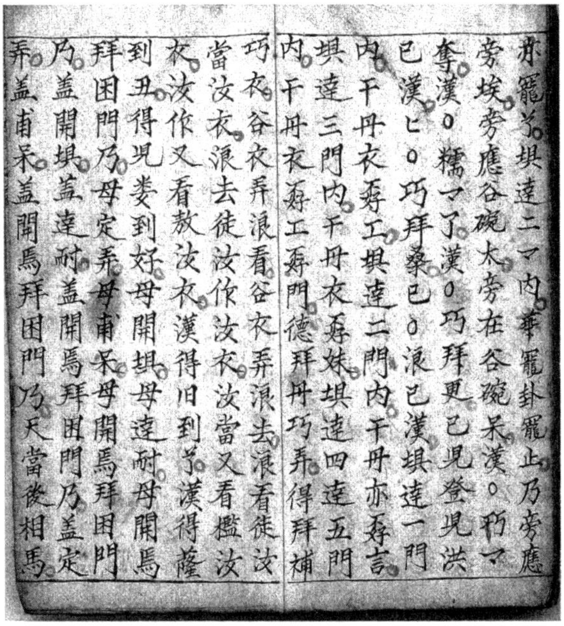

赤罷兮垻達二々内華罷卦罷止乃旁應
旁埃旁應谷碗太旁在谷碗呆漢。矜々
奪漢。糯々了漢。巧拜更巳見登見洪
巳漢匕。巧拜桑巳。浪巳漢垻達一門
内干冊衣孬工垻達二門内干冊亦孬言
垻達三門内干冊衣孬妹垻達四達五門
内干冊衣孬工孬門德拜冊巧弄得拜補
巧衣谷衣弄浪看谷衣弄浪去浪看徒汝
當汝衣浪去徒汝作汝衣汝當又看尷汝
衣汝作又看敖汝衣漢得旧到兮漢得薩
到丑得見娄到好母開垻母達耐母開馬
拜困門乃母定弄母甫呆母開馬拜困門
乃盖開垻盖達耐盖開馬拜困門乃盖定
弄盖甫呆盖開馬拜困門乃天當後相馬

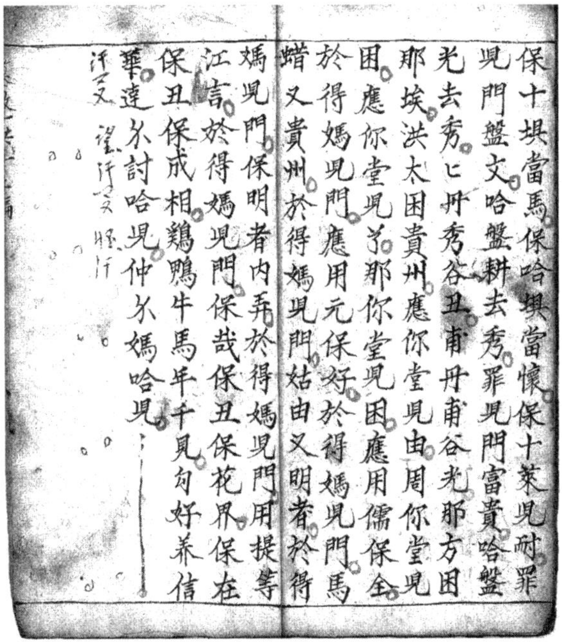

保十垻當馬保哈垻當懷保十莱見耐罪
見門盤文哈盤耕去秀罪見門富貴哈盤
光去秀匕冊秀谷丑甫冊甫谷光那方困
耶埃洪太困貴州應你堂見由周你堂見
困應你堂見兮耶你堂見困應用儒保全
於得媽見門應用元保好於得媽見門馬
蜡又貴州於得媽見門姑由又明者於得
媽見門保明者内弄於得媽見門用提等
江言於得媽見門保哉保丑保花界保在
保丑保成相鷄鴨牛馬年千見句好养信
華達尒討哈見仲尒媽哈見
汗了文 望汗了文 楞汗

去風去王
了門又〇更因鄧桑漢了你門又〇方因
鄧廖漢了因門旦本保宗草道亦因音門
旦本平身心好云四告浪門冒四告
浪門阿半定浪門丹老動定干過浪門丹老動俾
又丹老動海馬丹老動康俾
丹老交道丹老動又容丹漢更会慕梅

雷公梅卦媽動子天張王言干梅仲止誓
可勞万可勞万不勞可勞万道你正爾旦
儒禮爾如蘭凡乃三君坐干卡困十六九六
浪禮六了魚血其了布丹得門拜好丹
少門拜又勞你門亦傾勞你門傾本正爾
旦儒一爾如蘭王万三君干卡困十漢九漢
浪禮漢了血浪禮其門布丹得明拜好丹
少門拜又勞你門女傾勞女門倾本更閂
礼十二鄧馬布光鄧了哈門長更閂礼十
二買襄盆賣襄了門吾整儒門走於到
其更門棒蓋門布於到
奢嗊〇言仲哈喫〇言哈盖而枚問丰道
石應谷降邦那枚分老谷風應半而嗊養
枚分至道万應谷降旁遠枚分老谷風應

布依族摩经典籍

摩当王经

羊而臨養漢門又浪的巷上全你五恒明
又浪的漢土卡內五哈時門谷領哈止門
哈谷化邱龍那托太卡老化媽巧耕恒了
壹用耕為保滿為耕應拜鄧禾耕應拜
鄧兔鄧倫壹井恒言你而五枝勞忽你你
而門媽勞忽作勾壹盖漢言你用時忽進
勞盆旦好別布盆令走盆得九柔華盆
得卡哈弄盆伸哈風盆能丟馬玉盆能
登定六勾頗落於枝孟勾頗中
馬應中於枝馬動勾頗乙動那乙於枝動
那勾頗凡動中凡於枝歪養拜上歪弄風拉
朝媽到尭拜三作歪弄風上初
母風上動三拜末去公鄧媽旦上初

工媽滿初於漢媽言初於凡媽用初於工
媽鄧拉母風上動三拜末去尭堂媽到上
初：於母媽滿初於漢媽言初於凡媽用
初於工媽當公草令洪連信草林老
初納媽漢王路下媽好報路下媽用禮
路納媽漢王路下媽好報路下媽用禮
猛禮巴子同門禮巴禮猛子同凡女的枝
覺作於的令貨凡女的枝乃作於的令忽
紅是王三散紅是半三信紅連衣媽化紅
連納媽林溫慢道三覽母歪楊谷斗紅連
衣枝到而五散勾忽作勾而門媽勞忽作
勾道好麻雙寶道報麻漢才凡歪蓥下坦公才
凡丑媽王蓥下坦與媽王才凡歪蓥下坦公才
壹牌遠偷入散覓：偷入散遠偷入散
偷枝卜蜡半占老條平散而枝卜蜡卡去

丑門拜卞去月門拜汝胃埃門丑汝胃列
了号應達厶利又枚拜埃利又枚拜丑勾漢
于乃隋衣谷台十平乃睛登谷太過明乃過勾囷勾乃勾太勾囷過枚乃太麻過枚乃太麻太枚
朝風漢谷丈言四五而覞見旁風谷太双別的太門才別遠別了好應遠以要登漢勾彦別了好應遠過麻過枚乃太麻太枚
法勾上下云浪拜更要本覞乃本覞拜路好本王乃才言中三而帯
拜下好本宜乃本宜勾媽拜四
本王勾媽拜桑好本徒乃本徒媽拜
好本任乃本任勾媽於之谷哉化勾道令乃本
價谷哉干勾道於孟谷唁應哈三千令乃倉
納門本納門三令乃本納哈三千令乃倉

乃本納門勾落媽落媽勾媽見唁汝亦拜
了洪汝亦拜五洪工浪云浪下勾晏下好
崙時光撢弄墓弄並卜拜斗弄並老拜平
勾落媽落媽勾媽堂見唁汝衣拜你洪汝
衣拜的洪工洞云浪孝勾未下好朝時光
押弄墓弄並卜拜斗弄並老拜平勾落媽
落媽勾媽堂唁罷歪了橋浪勾凡女林耕
黑勾落媽落媽勾媽堂坐連汊了王浪勾
凡女納更巴勾落媽落媽勾媽堂動那厶
了王浪勾凡女母耕好勾落媽落媽勾媽
堂動那占双芋連並將那占双芋連阿江
硐更枚烈走女中芋下枚㧬走女太谷厶占
地抱汝埃滿枚進枚介盖麻又太米桑謝
更枚列走女双芋下枚老走女滿枚見桩

· 98 ·

耕又敢用耕華弄谷三云更華倫谷五塊連
勾盖麻谷五時勾又言門報光耕盖麻谷元
儒派勾勞時門又言門漢勾又敢派汗
勾巴虚影勾應賣勾末旧應半父勾勞媽
耕江末旧了把連一門內媽半父勾勞媽
旧养振用礼三門渴勾堂末旧江
用喃振用礼三門渴勾堂末旧江
云馬旦占慢未少琴三布乃到門末
比旦高丹為馬旦高為蓋比信化用門為
徒風勾夫登媽出勾芳登媽言徒徒
媽落媽勾媽堂徒風弄願亦徒風時扁碗
頼双布喃勾頼三布乃時布呆布礼勾落
勾落媽落媽勾媽堂旁蓋好三若拜連勾
介盖麻又尤交条謝

一門內的洒茫內要的長茫內要長受拜
潭更乃双申三法洒長受拜壇下乃四五
法湾好拜老媽勇好拜風媽鄧華是問吔
孟勾是之吔美勾漫旦勾旦龍乃
在勾布龍蠟卡永養省問三永養王朝王
蠟當勾卦王蠟法勾乃把連一門內媽半
尺勾勞卅身補漢寨太梅報王
光門身補埃遠埃卡化延門身補
太枚報光巳郎呆勾去三拜問枚
光門身補埃遠埃卡化枚占門身王
去拜勞枚呆勾去三拜半枚道
太枚報光巳郎呆勾去門身王道
光門身補埃遠埃卡化枚占門身王道
去拜勞枚媽太梅報光門身補漢寨太枚
報光門身補埃遠埃卡化云門身補去

王太枚報光已光已郎采勾去之拜心枚
道去拜勞枚媽太梅報光
占差來勞魯占王文夫應谷乙娍內抱勾
枚汝浪門谷乙娍內抱勾枚汝浪門心怪
枚花谷卡盖乙門光友得老應花鄒得老
應花得應未三占得應占未文干吉梨
應蜡得老梨應遠破言應乙蜡得老應乙
應遠礼干下梨、補你被他去令你被他
老喃那喃埃巧好把好连一堂平凡七月堂
月七老見堂月八老界乃月末勞梅當兄
拜當凡當凡拜馬子乜拜本洪巏宜占卜為
勤法宜占沙勤処渓盆〔買門七八巧得〕
云巧别妹乜東郎别其乜應枚疹乜

宜倫乜永父乜永父乜土地土地又
好洪谷太；好洪谷進枚彦乜心金耕礌
有論蜡於仲媽兄門耕巳禮仲進於仲媽
兄門耕馬禮仲媽兄門拜平乃楊卡於仲媽
因於仲媽兄門拜平乃楊卡於仲媽兄
兄門平乃楊卡於仲媽兄門拜州乃梁馬於
拜媽兄門乃姑世於仲媽兄門拜乙
仲媽兄門乃姑世於仲媽兄門拜乙
坲埃於仲媽兄門
乃丁埃於仲媽兄門
而令戍〇女而戍作。女作枚麻勤旦得
時媽勤旦作枚麻干哉得時媽干哉
時媽勤旦作枚麻干哉得時媽干哉
作枚麻采女得時媽采女作枚麻馬堂
凡得時媽永玉堂凡作枚麻永馬堂
得時媽永馬堂乜采牛五門
時媽看勾難利門宜五門乜采牛五門得
勾交利門看勾難利門好勾勞利門顧巳

應巳更才芽路巳歪巳耕奪三應李耕了
未耕卡時去媽耕卡時彼未耕利時
酒門彼時坐妹未耕媽耕時生妹門彼
生姑未耕媽耕七坐妹門彼攪灣利姑
典枚灣利鄧礼枚蟠太潭坎占枚鄧囷
枚論利鄧礼枚蟠太潭坎媽耕門太潭
蟠媽耕枚蟠條花用媽耕卡門條別
坎枚丼吉耕卡門太將半媽耕別
耕門太將半媽耕別門耕枚盂別
蟠丼言耕卡門太將半媽耕別
門用枚了令三地更熊令三紅逗旦卡乙
補更旦更旦卜枚岩卡乙補更才更
枚矸卡乙補而垻而垻卜當下卡乙而
其而其八文去枚蟠公林尔林二媽耕半

門公林尔林二媽耕谷慕枚蒲麻巳义墓
曾蠡巳义墓管月盖乙門光女芽門晏徒
文漢更占老巫而門漢耕芽老去而門漢
耕老矸乙而門漢耕老四省而門漢
好墓而門漢耕老十月而門漢耕老好
而門漢耕老十月而門女門采盂王媽
占而門媽耕乎老去而門媽而門好
乙而門媽耕老四眘而門媽而門好
門媽耕老九月而門媽耕老矸老更
耕老十月而門早谷手垻問令乃首老攵
早谷儒居金埃令乃蕩老女老女
女慢灣居郎而光媽乙老女慢灣慢老女
女漫灣艰郎而平媽乙岩媽垻門彼法媽
俄門彼初媽令門彼
女漫灣艰郎而平媽乙岩媽令門彼耕利保

因遠因埃而門耕利保因價而門速
利保永馬堂占而門耕利保万馬堂言而
門耕了主於養耕了上於當
後盖盖當而門万盖毛而門又
而儒好又而約進問拜平儒到里別盆
水而問讚進儒惡華盆状而哉儒墓進
儒上進儒儒好哈進儒唯賴撈松
老進儒好秋進盆盖進儒輕松
到時遠墓茫行時遠墓莚光時忍進撈好
時羔旁墓學時高旦等娀時高當上衣養
娀高对涂問未耐遠父墓楊時若媽妒而
門懷又周令下媽稼而門馬又周路店而
門好仲保十時卅太有到衣而
媽因共而門好仲保十時卅太於到哈而門
門卅太於到哈而門因我日罵曰我信云

罵云高懷茫應蜡而門范應遠上光罵應
蜡而門罵應遠四光盆應蜡而門盆應遠
灣母罵蜡而門罵蜡而門盆應遠哈而交罵交勞
而莚罵蜡節；時因遠儒罵節時我遠松万俾
遠容内哈慢枚乃優時行周后觀農鄧枚去
旦觀哈鄧枚云心林交信女哈而交罵交
勞而罵節罵節；詩因遠用洞罵下枚晏歷
悲娀汝老万悲枚儒罵呆去旁哈而
交信文勞而節信女節時我邦壇洒落儿
蒸娀節時浪邦遼平滄八落娀節時高旦
等半习劳的節止句劳的交更問報心埃
麻交應蜡而門交應遠十問卜哈王麻交
應蜡而門交應遠報老亡進問麻交
而澗交應遠報老亡進問麻交應蜡而門

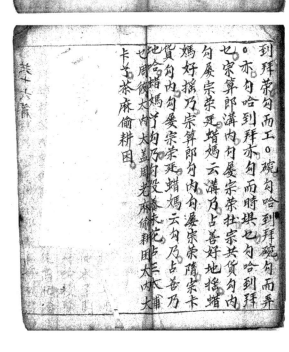

流應遠光存好中芋麻文應蠟而門文延
遠金題華谷工谷工信谷尔又時頼正學
而門金題華蕃工谷仲正谷領又怪頼正
學而門
桃又違么違么漢盖慢又○慢戒
段而媽芽八王又吉王而拜芽八盆別濟
拜芥告要是媽鳿婔拜濟老婔是媽
落婔別婹拜媽路濟濟別老媽拜地
也永是媽路婹婔地云雲是媽路地
濟路布拜郎到拜占路盆拜納周彼濟路
盆拜納到媽占路盆拜納周彼濟占
浪濟喃媽占駱罵濟依媽濟勾而乾○宗
勾哈到拜宗勾而乾○海勾哈到拜海而
已界○墓勾哈到拜墓勾而隋○荣勾哈

到拜荣勾而工。碗勾哈到拜碗勾而弄
。亦勾哈到拜亦勾而時塸也勾哈到拜
也宗算郎溝內勾屢宗荣共貨勾內
勾屢宗荣延蠟媽云溝乃占善好地搖蠟
媽好搖勾乃宗荣隋宗卡
貨勾內勾屢宗荣延宗荣隋宗卡
地合蠟勾乃占善乃占善地搖
也周彼大內盖開役蘑味乾郎大咏大
卡芥茶麻偷耕圕

布依族摩经典籍

摩当王经

徒母又赵

三悲養又鳳勾枚弄丁養六悲養又忍勾
枚潤丁養溝媽潤養他勾媽于養困要養
媽谷路哭养媽哭堡好养媽堡郎於养媽
當面養當郎哈定兼當窩卷交吖文郎痕
心女丁吖卦法吖女媽拜其高墓高到勾
媽好勾墓勾媽情依瓜絮胸哈堂吖成

三悲引於一四悲論其喚哈榜巴胎任困
弄胎草老又言胎言九又段胎正堂平
旦布見才埃應蠟而門旦布見才埃應妹
高怹五罪要高怹而門枚罪要高怹榜達
五罪宗榜達而門枚罪宗母容五罪進母
容而門枚罪進而六罪大於而六胎落杜
二九我心二枚良卡慢拉占我心占枚論
卡樣弄捧元我心棒枚耕卡撈困到元我
心到好他拜利三花兔凡武心花好布拜
二九郎卞雖而六郎宴養而六胎蓥落卜
儒枚旦卡散旦卡旁媽谷魂匕礼散我心
礼比他倉匕礼比他草界枚定枚爻老女
胎散笑界枚兔枚法老女胎散去匕登山遶

法媽登卦定法到叩女了叩良
堂朋拉容江歪过應江歪过
應遠堂朋情容江歪告應蜡而门拉容江
歪告應遠容江歪告應蜡而门隨容江
容蘥五汝富容蘥而丂枚汝當容江五汝
報容江而丂枚汝報媽定文早媽定老
女能定文为女順句日难信之丂句哈丂
龍段又拉难桃文又养难信之丂句哈尤
老工共蜡浪枚浪得容女拜姓上蜡論枚
容拜浪哈半拜况半拜三秀草半拜五
論得容女拜吴得拜姓紅梨得拜借紅蘥
得拜杜紅之内於得养布九拜尤容枚
利子容紅句於养布九拜尤媽尤容枚

焉慢其蜡养旦拜旦一媽旦容枚焉於其蜡
容礼内令困容礼潤應魯秀女容定秀
而容枚當秀郎容那更秀那更秀喃更那
當秀而當時共哈糯當時容郎時工
哈碗富時弄哈亦當時其哈而叩女了叩
良心女了叩卦
宗卜偷外麻的礼宗法养宗榜偷外麻的
礼宗孟柔補旦堂仲行補柔堂上呂而奈
上登紅宗卜偷外麻的礼中弄儒補旦堂
上行卜桑堂上巡而奈上登紅宗花偷外
礼宗花偷偷外麻宗賢偷外麻宗賢外江花
偷五郎應花偷而门枚郎應限偷五郎好
限偷而门枚郎好開偷盖王好賣王令乃
妤浪好盖王耕賣王令乃耕亦卦

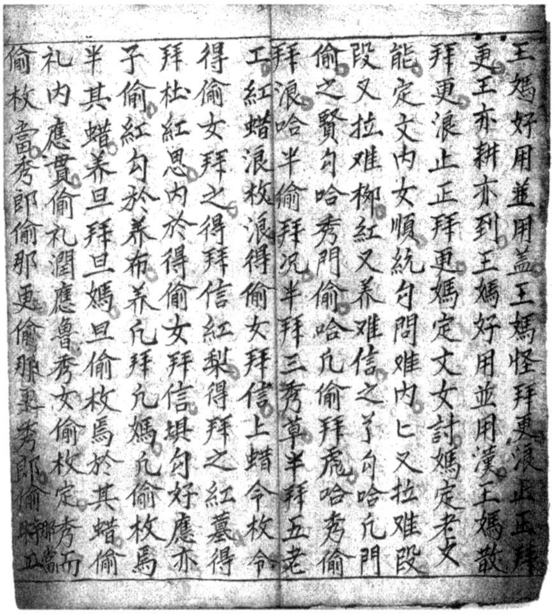
王嫣好用並用蓋王嫣怪拜更浪止正拜
更王亦耕亦到王嫣好用並用漢王嫣散
拜更浪止正拜更嫣定文女討嫣定老文
能定文内女順統句問难内匕又拉难段
段又拉难柳紅又养难信之了句哈凢門
倫之賢句哈秀門倫哈凢倫拜彪哈秀倫
拜浪哈半倫拜况半拜三秀草半拜五老
工紅蜡浪枚浪得倫女拜信上蜡令枚令
得倫女拜之得拜信紅梨得拜之紅墓得
拜杜紅恩内於得倫女拜信堪句好應亦
子倫紅句於养布养凢拜凢嫣凢倫枚馬
半其蜡养旦拜旦嫣旦倫枚馬於其蜡倫
礼内應貫倫礼潤應魯秀女倫枚定秀而那當
倫枚當秀郎倫那更倫那更秀郎倫

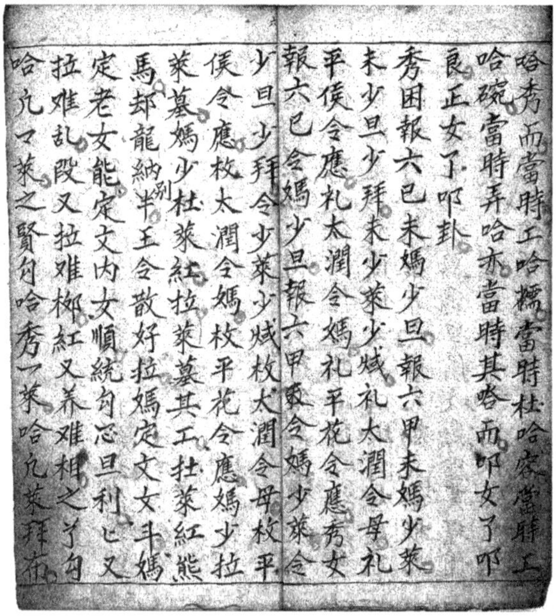
哈秀而當時工哈糯當時杜哈客當時工
哈碗當時弄哈亦當時其咯而叩女了叩
良正女了叩卦
秀困報六巳未嫣少旦報六甲未嫣少莱
未少旦少拜未少莱少烒礼太潤令母礼
平侯令應礼太潤令嫣礼平花令應秀女
報六巳令嫣少旦報六甲亥令嫣少莱令
少旦少拜令少莱少烒枚太潤令母枚平
侯令應枚太潤令嫣枚平花令應嫣少拉
莱墓嫣少杜莱紅拉莱墓其工扗莱紅熊
馬郣龍納别半王令散好拉嫣定文女斗嫣
定老女能定文内女順統句忍旦利匕又
拉难乱段又拉难柳紅又养难相之了句
哈凢マ莱之賢句哈秀一莱哈凢莱拜布

哈秀萊拜浪哈半萊拜況半拜三秀革半
拜五老工紅蜡浪攸浪得萊女拜信上蜡
令攸令得萊女拜之得拜信紅梨得拜之
紅墓得拜杜紅之内於得萊女拜信㻮句
好應亦子萊紅句於春布卜厰湾風湾
凤於礼旦女拜礼萊紅㚼娥卜杜巴岩墓
卜杜路岩礼於凡拜礼萊紅女娥秀
女萊攸定秀而萊枚當秀浪萊那更萊哈
更秀喃萊那當秀而當時工哈糯當時杜
哈容堂時工哈碗當時弄哈亦堂時其哈
而卟女丁卟良
堂朋又埧當埃母應蜡而一又埧富娱母
應永堂朋又埧偷埃止應蜡而一又埧偷
攸止應永堂朋又下四埃王應蜡而一又

下四埃王應永句埃止偷其句埃止其通
埃止中條操到围埃止中條入硐楼埃止
中條丁硐溝埃止徒凤漢㻮句埃止偷下漢
那埃止坡止埃埧彼止坡止法止何句埃止偷
共到拜止偷其句埃止偷共通到拜止其偷
到楼丑彼句埃止六定乾到拜止六定乾丑
硐丑彼句埃止中條丁硐到拜止中條丁
困丑彼娱止中條潤到楼到拜止中條潤
通丑彼娱止中條操到围到拜止中條操
彼句埃止徒凤漢賢到拜止徒凤漢賢丑
彼句埃止潭止潭到到拜潭拜止巴介而
彼句埃止。那止那到拜那拜止好介而
句埃止。

埃止。用比把哈的籠勺埃止用它用它
哈的交呀女了邙良
堂朋旦布見才埃應蜡而門旦布見才埃
應承堂朋旦布見埃花應蜡而門旦布見
埃花應承堂朋旦布菁埃弄應蜡而門旦
布菁埃弄應承勺草外拜通勺容拜鳳
地化盖向西五化盖勺土地亦盖勺土工化別三
了郎化別半了羕共養勺旁丁上拜羕
杠勺儒丁上本買忑勺得本卜恩勺看本
買忑勺徒本卜毋勺紅卦止勺千万全隆
硐盖丁偷卡漢了紅勺干万全止硐盖
了洒五朋盖丁地亦盖勺土工化別二了浪
別三宗三土工化別半宗韦化別二

別半了茶登丁難令哈洒盖勺登丁難拉
哈八盖勺丁巴哈盆半盖勺丁上哈盆定
哈草盖勺恒五芳盖勺款五榜盖勺恒五
芳盖勺款五應盖勺明別娌盖勺納別月
盖勺呀女了邙良心女了勺卦
天黑。地黑。石頭介石頭盖石郎盖一仝
面介先人之面
老硐金止。勺草到容。老硐呀止地勺
草到容地硐金貴止明勺草朋硐金
龍止半勺草到容半其蜡內難布勺草媽
難布六蜡內難因其蜡內行
愿勺草媽行愿平蜡內信時勺草媽
化盖勺洒五化盖勺土地亦盖勺土工
地化別三中三土工化別半中韦化別三

附录：原经文影印

了浪化別半了菜共養看勾旁マ上拜系
杠勾儒マ上紅止勾千万全蓬硔介マ偷
卡漢了紅卦勾千万全止硔介マ洒五硔
介マ土地亦介マ土工土地化別三中三
土工化別半中半化勾丁浪化別半了
菜登丁难令哈洒介勾登丁难下哈八介
勾丁巴哈盆半介勾丁上哈盆定介勾明
扚坦介勾哈亦賢介勾恒五劳介勾敦五
半介勾哈別埧介勾別月介勾呿女了
呿良心女了勾卦法勾支嫣拜
外納定三散又拜浪外納定官旁官
旁又拜納外納定止凤止凤用榜心外納
定官凤哈官凤到罪外納定官奈哈官奈
到當外納定官王官王又到堡内於當才

罵内於法才於去才罵去之去才於去漢
去才罵去當去○郎去漢亡才利嫣羊蓮
才卡嫣下呿女了呿良
報硔杠少報硔杠少免二四色罵散統
卜引少熊亡四卡嫣並當卡罵牌間信
台嫣物三十養丹杜四十儒籠三十養丹
地貌十嚴外鹽壠儒懺壙地子拜壙外
儒拜蠟枚進馬麻愿拜路枚進馬
儒外埧儒拜乘枚進馬麻止外埧儒拜
麻王外埧馬硔外化罵又林巴止
四枚進馬麻愿巴又其丁法巴又弄令妹
又等三云因又朋九寨浪愛定老好者
定老捞漢好墓枚八漢好那枚父对又墓

外怃巴又硐外化到拜硐外化丑彼焉又
林巴止到拜林巴止到拜林姑焉到
拜硐谷基丑彼墓又其丁法到拜其丁法
丑彼巴又其弄令到拜其弄令丑彼妹又
節三云到拜節三云丑彼因又平九寨到
拜平九寨丑彼浪爱定枚浪揣漢
好嚷世心媄仔哪趣又墓外怃邲女
漢龍更浪看汗龍更浪去卜哈以盆墨而
丂以盆墨卜哈散盆美而丂散盆美卜哈
以盆思而而門以盆思盖而好而段毛埃
而止慶地養勞硐慶地孟宪焉又更焉埃
馬又蜡云埃云登更難行埃难半更坎埃思
而半埃思女的枚乃更過而卜埃思女的

枚乃耕太旦哈太同後漢媽首哈太垠木
漢到得三困因黑的到得五困困玉的到
得四困因潤的到埃谷免盤免見谷孟
惡埃谷作盤明谷宗其特老耕亦玉埃
谷宗散布其老去卑灾埃谷也而怃歌耕
王〇用埃谷共硐上用卜干卡埃谷也
補旦善埃谷漢入不埃谷宗龍二得拜
困買媽下得拜漢入慢得拜虑埃谷也
而荣谷至正拜退狭清到拜郎肩清女拜
老拜平拜退到拜郎内五邲朿了邲
天清耕平况耕平郎内五邲朿了邲
良心女了邲卦
進溝進而郎养溝养而郎养无又拜止又
其巧巴並又其上巴平又其心倫类又其

媽笑令乃外媽桑的令乃宜杠媽笑老摇
卡夀居官討官媽卡夀敦官信官媽如落
弄媽雜落弄蒸熾老摇媽硐如硐郎媽
硐养下巴养下巴养予培巧如拜子達巧
如拜愿枚哈乃宜倫媽硐枚哈外枚哈外
媽更枚哈乃宜倫媽笑
乃宜杠媽笑老摇媽算怪文菜令媽
媽到老摇好养得寡好过养得如老摇
令乃卦予摇令乃外媽更令乃老摇
宜倫媽笑令乃外媽桑的令方宜杠媽笑
老摇卡夀居官討官媽卡夀敦官信官媽
如落弄媽雜落弄蒸熾老摇媽硐如硐
郎媽硐弄落媽雜落弄蒸熾老摇硐如硐
洒林漏洒林旦受媽硐漏洒林漏
郎媽硐洒林漏巧工耕糯拜八其的阿耕糯拜坎

其的工耕糯拜因其的令耕糯拜坎其的
去八内儒賣其的去八五呆其的工呆
工谷長王呆王谷墓遠半漏呆文半漏遠
呆文如其蜡枚如周後枚难老摇硐三
長止难令乃难老摇枚硐如周後
枚日老摇硐五長止令乃老摇好日
儒墓寵老摇令乃凡郎愿郎大耐郎
郎鹰大橡巴漢討郎阿鹰郎太拜夀漢
討埧愿衍酊难登愿占酊日养酊隋老摇
愿郎大漢路愿愿
谷徒文好逻巧如奇郎愿郎鹰愿
谷禾华皆愿谷太蜡埧愿谷恒好在愿
納堂禾華愿谷太蜡埧愿谷秀開怪愿谷
好内难平令沈堂心平令好内令平令見堂
納堂巧愿谷儒母問愿漢四言老摇平令
好内难平令沈堂心平令好内令平令見堂

心老揺老正父老揺老慶早し無報揺妃
報揺少平無因因中徒打老揺妃令卞芽
妃令耕老揺湾徒共耕糯枚芳老揺桶
兵养桑枚芳五老揺湾徒共耕糯枚芳豪
老揺湾桶兵养桑枚芳五养亦漢統养散
頗亦布哪女了哪艮
其蜡内惰充勺草妃惰无占蜡内惰共句
又朋有亙時又朋漢万時盤問道仲崇文
拜好仲崇肖拜堂五宗文拜好奸宗文
汝拜堂用堂尔拜
拜面慶盂而拜古金叩慶朝而拜太言拜

礼鲁太四拜礼六拜堂用堂尔拜堂四堂
言拜硐潘桷珴拜堂言補哈言的三十當
了漢内要因時午玉刘哈枚好徒遠枚
上徒遠而枚慶徒遠徒了漢内要那凹
丁觔哈枚好徒遠上徒遠而枚慶徒
遠徒了漢内要令坤九徒遠而作金
哈令好徒遠叩徒遠而令好徒遠小
拜半徒遠叩拜上徒遠柔拜有徒遠
蘭徒遠心時焗亦哈心坵坤亦万心
了得拜蘭慶硐得拜盂慶朝利於慊共
草惡利於慊共硐得盂慶朝那老別慶漢
盖郎勇盖郎儒毋勇何郎勇墓枚硐孛慢

.114.

媽楠報其硐弄來媽棒報其呀改了呀良
洪補和喃喬喃喬慢喬桃了正蜡少時少
時好時碗少時少旁壇宗高洪媽納少性
少旁達中高礼媽郎少好龍哭他少好華
又少好小谷朝少好勞谷鳳少仲少谷
云少谷因半良補云補達要補胥補達工
補農補達納洪世玉要以洪世正要日拜
慶巴拜摟拜到糯弄槧洪正拜正媽洪達
拜蓬嬈漢補洪世到也慢正七洪世到米
慢補洪段布進拜太三春七洪巴洪段布
進拜太三春補洪七門太段媽衣冠路時
也門太那媽万路時壹至顧布見補洪拜
堂世法布見補洪拜和洪太玉媽法洪
太達媽朋洪盤弄堪邦哈去行也門路時

洪盤弄堪奇哈去和七門路時山秀困如
勞時秀刀若好而見溝拜喬而卡溝拜太
而亥命溝洪外礼意了老句礼保了外句
礼意了内意麻老句勞保麻外門勞盖麻
内門旁句校應麻老句校保麻外句校盖
麻内溝礼巾二而巳達乢句漢頴壇洪耕
乙洪令耕八而達二句漢頴那洪耕好共
令乃婭好而達三達四句漢好堪洪耕云
洪令乃耕云而達五達六句漢而洪盤見
卡時蜡八洪盤見巧時蜡而洪盤到相補
得拜鑒慶慶共壇得拜本慶共壇衣見而
洪至憨相而洪至拜余而洪至利而達七
達戏句漢補洪外補洪慘恩井思進七
時蜡補洪外拜心時蜡補洪慘恩孟凡女

補洪孟恩進九女補決信拜悶九女得拜
濫豪晌得拜孟慶遭利於又共遭阿惡內
於有共硐阿何去埧蓋浪若去何蓋郎勇
埧郎若墓勇和郎勇墓枚才養高止門
時苐標鄧日千卡墓若才枚養高卦門時
劳ㄗ標鄧邪洪太墓更悶礼三〇定巴
門蓋而拜云吓女了吓良
門蓋踏拜哪應玢門蓋璁玾靴玾
去埧踏拜哪應玢門蓋璁玾靴玾
枚太溝少信養下八少信葦四孔少信補
哈〇定止門蓋而拜云邪子礼哈〇定應
洪思少信蜡四孔少信洪桑未偂有應蜡
溝儒法哈信紅雷信連海應蜡溝儒法哈
信哈下信止思應蜡溝儒法哈信偸旦信

偸賢應蜡溝儒法哈信產加信產王應蜡
溝儒法哈信補宵信買照應蜡溝儒法哈
信買古信而喃應蜡溝儒法哈信溝信門
時糯門信坡時糯坡信埧時糯埧信門時
糯枚太溝少信養下巴火愿蜡四孔少愿
補洪思少愿蜡四孔少愿洪桑未偂有應
蜡溝儒法哈愿共宵應蜡溝儒法哈愿偸旦
哈愿愿哈下愿止思應蜡溝儒法哈愁富照
愿偸賢應蜡溝儒法哈愿產王應蜡溝儒法
哈愿買古信而喃應蜡溝儒法哈愿福敎虔
愿偸賢應蜡溝儒法哈愿產王應蜡愿福慢
愿而喃應蜡溝儒法哈愿坡時糯坡信買古
愿愿坡時糯坡愿埧時糯埧愿門時糯坡
愿補宵時糯埧愿門時糯門時糯埧愿坡
耕王拉愿邪耕王外乃枚乃哈愿吓女子

吓良心女了吓卦

溝旦枚旦九溝旦硐旦躍旦補以本浪旦
補上外弄旦姦旦而其媽耕糯時
女旦而卜媽耕浪時女硐垻哈垻和
哈和芳硐垻哈垻因硐田哈芳半溝拉
糯拜止溝垻糯到旦而其媽耕糯時女旦
而卜媽耕浪時女浦蜡未盤卜蓋卜蓋
的補蜡盤小了哈盤走蓋的吓女
哈的内蓋的閅三秋用儒蓋的洒閅用元
開蓋的哈的斌五老蓋的斌五蓋的教
五半蓋的因別垻蓋的那別月蓋的吓女
了吓卦盤心女了吓卦
知至知不可廢亲特慶九七又拜同半同
半儒墓枚同内儒同子亲門看枚其亲枚

看門盤閅門漢枚其閅枚漢溝芙溝養九
徒共南郎溝礼九徒長南何墓芳糯徒時
九而九拜巧七仲補愿王九而九拜郎七
仲補平量九而九拜應七仲補雞云九而
九拜因七蓋到媽走凡才刺媽牙凡才卡
媽下吓女了吓良
喊洙七満糧敬來男満枚言鄉升瑞化殊
諾言了父溝那十約好哈那別月
坡蓋光和別半蓋光因別垻蓋光那別月
洒蓋光斌五芳蓋光教五本蓋光定难倫哈
蓋光定哈盤店蓋光斌五芳蓋光教五本蓋
光定占哈盤店蓋光斌五芳蓋光教五本蓋
光因別把蓋光那別月蓋光吓女了吓良
心女了吓卦

附录：原经文影印

摩当王经

子洪周少周子洪周少呆之礼莱拜利拜
洪周少呆莱礼洪拜亦冬乜遠少見乜達
見米面乜達界米明見米兇乜清界米明
〇悶貴連海媽孟猛凤論媽漢乜乜遠慶
孟乜也遠慶悶晏礼遠枚劳呆好到令報
晏利遠枚才討令報湾坝阿遠拜下
其平遠拜鄭枚非媒妹䣕枷烯凧聰
熙枚媛凤谷慕枷䣕枷烯凧聰
好枚疼雷耕而枚好王媽埃枚好
焉外内相下焉外化相段乜合三四冷
谷四五首旦乃外慶漢枚法堂媽冒
送堂言枚蜡得堂連枚蜡得堂洞枚蜡
云遠姑彼龍云垃姑太他云悶三十得堂
洞四十送堂言三十得堂連四十法堂言

外媽堂徒凤外媽堂凤門情成應情成情
成埃居教情成埃居教埃論又居
見又呆又居見又欄卜蜡儒本上媽本上
盖摇上蜡儒本敗媽本敗盖摇上媽上
凤太壇耿漢到上論應上論太壇下漢到
好本湾慶厭的到望本湾慶自的到好本
訓梁蜡仔往到呆大漢旦凤旦凤得到本
礼利其蜡桑本傳其蜡凤卦本
利拉梨乜本賀約梨乜本好巧枚才本厭
其蜡旦本約其蜡桑本傳其蜡凤卦利拉
梨乜本父漢得本利搵漢得本礼利更巧
礼媽郎心林盤補上情谷看盤谷頗
盤頗情谷頗卜孟世盤頗卜孟情谷心
哈世盤心卜哈遠定拉枚貨本盖上枚洞

附录：原经文影印

正嫣堂硐耻老别巴漢了正嫣堂硐那老
别勇漢了得拜橺屚硐得拜孟屚造内於
有共朝哈惡去琪盖郎
勇去何盖郎寫蔂勇何郎寫蔂枚乃
盖外化遠少希乃凬遠少遠
遠劳共劳茴嫣三么惠舌养彼借花用門當
云因旦占慢未草梨乜养彼借花用門當
心女了叩卦
桃又達么達桃又達么漢盖満又○満而
拜半盖叚八王又吉王而拜了八五満而

段遠礼礼潤遠丫卡又當尼拜嫣
用哃抵用礼乜門當别遠枚乃耕糯特女
看言遠了养别遠乃耕糯特女看言遠了
凡當凡拜太老卜遠少借郎叩女了叩良

窂○中満哈到拜巾満而龍
拜溝而巴界○海満哈到
裹満哈到拜荣満而工○
満而弄○亦満而特八乜満
哈到拜乜别万拜弄乃拜亦満而
拜弄老要世嫣路万别万拜掩
路万别万拜地並永世嫣路万
拜弄别万拜嫣路万别万拜地
拜郎満彼湾路旁拜那那到嫣山路旁拜那
到満彼万巧嫣山奔万郎嫣山路旁拜那
云迎世嫣路万湾路布拜郎到嫣
嫣万中傾郎叩文叩礼中康父満万依
内満礼中荣廷蜡嫣云満乃長占好地攛
蜡嫣好満乃中頓郎満内叩礼中長占好地攛
内満礼中荣延蜡嫣云満唯辰八
康父満内満礼中荣延蜡嫣云満唯辰八

· 120 ·

MOL DANGS WANL* ／摩当王经

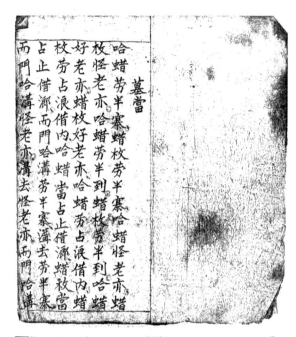

耕枚蜡太井言媽耕校
蜡太将扳媽耕德他樣
時匕媽耕德他之其見媽耕別門耕枚盖
別門弄枚了令匕更熊令匕洪更當卡日
楠更當補枚岩卡日補更才更才補而
枚好卡日補而堪補旦下卡日補而
時而時八文掰枚蜡公林尔林二媽耕卡
門公林尔林媽耕門應彼應應旦郎門
慢應山教門慢應旦布坎討應衰教占龍
耕岩拜平墓門彼門應彼應應旦郎門
慢應山教門慢應旦布坎討應衰教散法
耕岩拜那蜜門彼盖内樣遠樣养内樣子
橋占日到媽芳太好到媽報占日到媽子
盖麻到媽報成王之而門漢麻又十域戌

王之而門域麻耕十五補更才盆无補下
才盆半補弄羊並門洪盆儒拜了溝谷墓
並門和溝攔拜了慢未草盆於万在私門
慢浪門檻詁討教門檻占時浪門於占弄
樣廖硐明乱門蜜明更廖硐哈下乱門
堂哈下下廖硐明更明更應昆馬下廖硐
哈下應鸢云乃三万列林乃三心於串德
拜定言无得拜卡言學德拜洪壇廖德拜
秀壇私馬文内草卡呆馬王呆草月那郎
未颓到拜頼鄒彼老鄒呆未上到拜上鄒
彼半鄒呆未並到拜鄒彼哈更補偷无
哈下拜補偷那的正補廖風叏蜡的又言呆
了馬拜段坎卡補定王的正補廖門叏蜡
的又言呆了馬拜段私拜漢止偷止偷哈

德卦儒冕止拜漢徙過徙通哈德列儒冕
秘拜漢坐達坐達哈德外儒冕拜漢奇
王奇王乃走好儒冕拜漢奇秘拜漢奇搖乃
首撈儒冕拜漢止偷儒趾偷哈德撈奇搖乃
秘拜漢止過止哈德外成子秘拜漢坐
達坐達哈德外成子秘拜漢奇搖哥王當德
首奸秘拜漢奇搖乃首撈哥王當德
馮奇草當德到晏奇草谷奇草枢老太
奇草太老亦公亦王。八亦於阿。地秘
拜定止地匕了庶報光秘拜定地其匕了
庶報光哈其蜡儒地。周後
儒地補亚蛇儒地亚蛇補儒地仲宗支拜
奸仲宗冑拜首宗文拜堂亦要宗冑拜
拜堂用堂昊拜堂四堂吉拜碉报補班拜

堂言補哈冑埧南枚芬哈與好漢貢到好
麻宗冑到報麻宗老散納埧麻么補廖鄒
麻王散納埧麻漢才尼鄒麻王儒鄒云懷
樣儒鄒見懷頼儒鄒見在盖麻儒鄒芋麻五
儒鄒云懷樣儒鄒見懷到儒報戎麻儒
鄒子麻五儒鄒麂定板哈侯蜡到儒鄒麂
定周阿旦蜡到儒鄒麂冑風内五儒鄒麂
定板補班蜡到儒鄒定言阿旦蜡到儒
鄒恁馬風内五偷校見懷頼偷
偷校在盖麻偷校云懷樣偷
枚見懷到偷校報盖麻偷校云懷樣偷
麂定板偷校芋麻五偷校云懷樣偷
偷校恁哈侯偷校到偷校云懷樣偷
偷校恁馬風内五偷校麂定周阿旦蜡到
偷校麂定言阿蜡到偷校恁馬風内五納

· 124 ·

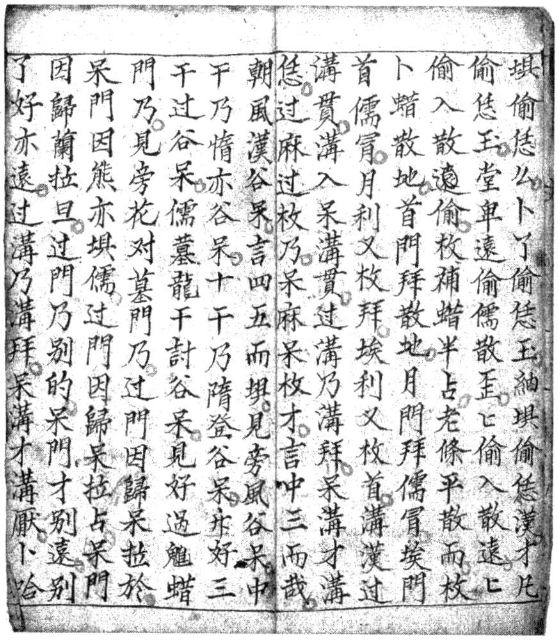
坝偷恁么卜了偷恁王紬坝偷恁漢才尻
偷恁王堂单遠偷儒散王匕偷入散遠匕
偷入散遠偷枚補蜡半占老條平散而枚
卜蜡散地首門拜散地月門拜儒冒㶸門
首儒冒月利又枚拜埃利又枚首溝漢过
溝貫溝入呆溝貫过溝乃溝拜呆溝才溝
恁过麻过枚乃呆麻呆枚才言中三而哉
朝風漢谷呆言四五而坝見旁風谷呆中
干乃惰亦谷呆十干乃隋登谷呆弃好三
干过谷呆儒墓龍干討谷呆見好過魁蜡
門乃見旁花对墓門乃过門因歸呆拉於
呆門因熊亦坝儒过門因歸呆拉占呆門
因歸蘭拉旦过門乃別的呆門才別遠別
了好亦遠过溝乃溝拜呆溝才溝厭卜哈

應卜哈匕了時太王而門時亦笑卜哈應
卜哈太更道以要太秀到以夘卜哈應卜
哈堂蜡干令半养蜡菜对盅他屡养对蓳
哈散拜散媽散乃对了漢硐坝見因硐拜
亦哈枚好对遠搖枚定对遠而枚上对遠
哈散拜散媽散乃对了漢動江鳳遠作拜
亦哈枚好对遠搖枚定对遠而枚上对遠
硐坝金止。硐坝叩止对哈散拜散媽散
乃对了漢硐坝時懷拜亦对呆並呆盖对
遠快旦那太他生全發哈枚好对遠搖枚
定对遠而枚上对遠硐坝金止。硐坝叩
止对哈散拜散媽散乃对了漢草漢別。
斗对占少盅内对遠枚富貴哈枚好对遠
搖枚定对遠而枚上对遠硐坝金止。硐

坝呀止对哈散拜散娲散乃对了汉对了
汉内要草挍高懷酒酒高懷你对莫保
而哉保而闷又来而哉富贵天碉对汉
酒保而價盘文保而門富贵哈令好对遠
摇令定对遠而令上对遠德門拜三汉德
門拜七凡外世麻哈尔時世盤卜宋半卡
德堂碉而門半卡宋堂言而門德神拜三
汉德門拜七凡外世麻哈来懷世世卜宋
半卡德堂碉而門半卡宋堂言而門勾了
拜正内賣了好正内劳門鴉薹蒲劳門旦
盖在買門文。後落盖有門卜言蜡里門
言六盘鄰宗三被罷草共路盖盘鄰五
六阜罷草惡路盖徒了非拜更並盘徒盖
媽言六盘鄰宗三被罷草共路盖盘鄰五
堪徒了非拜拉盖盘徒盖蛇徒了非拜六

並盘徒盖王徒了非拜桑並盘徒盖止徒
了非拜四並盘徒盖應徒了非拜容其你
門路盖溝鄰門郎用心里勉汝而門路盖
路盖溝鄰門郎汝門郎儒路盖溝鄰門郎
用心旦勉汝亦溝用門郎汝蜡定到汝亦
溝惰門郎更門郎更路盖溝惰門郎更坝
旦里洒杠汝亦洒杠里内利汝亦捧坝門
路盖衣坝溝盖羅其蜡憬校稼而德走拜
兵其蜡因枚因而德走拜太乙焉落拜更
作焉老拜更里焉翁拜了太焉对拜桑里
馬王拜了報牙從其蜡門拜從其遠報押
排其蜡門拜排其遠文来又其遠焉達
馬遠拜焉達一五子拜堂焉達
一焉拜那五子拜堂焉達
三焉惰巴嵩墓

126

五子拜堂馬達四馬情糯岩心五子拜堂
馬達五達六占奇釆了風占奇畓了老半
去段布未去拜門而段布未去拜半去段
鞋未去太半而段鞋未去太半去段布庶
榜如門而段布庶榜如老了特門好門而
漢而好賞了特門坎門而漢而坎盖當門
困隋困拜好補門困賣困拜旁賣而門哈
旁賣八門亦散盖未言王散盖莱言女蜡
見並見盖愿媽拉走彼蜡進巴進落蜡媽
丑鄒彼蜡進特進懷釆媽友走彼丑媽难
走彼並盖周困拉又共花亦當並盖周困
好又共朝亦當卅湾別埃浪當言別路特
又其的亦當卅湾別埃浪當言別路煞又
共花亦當三十凡界並於媽晏溝當二十

湳

此界盖於媽晏溝當好風硐乙丫於媽晏
溝當而丫到乙用於媽晏溝當散殺博湳
壇的枚麻當門道隋孬當門散殺乜湳壇
的枚麻當門道愿半當門散殺光溝文的
枚麻當門讀統以當門散殺裏湳文的枚
麻當門到太宗當門散而耐達懷散文來
到内的枚麻當門妹硐賣當門乃硐命當
門讀硐以當門罪硐犬當門文单溝當好
好晏道媽那晏盐釆下外文单溝當巴乙
晏到媽蔓谷遠入拉外晏溝媽當門千年
枚馬納世馬困世雅世馬納世丫門拜納
旦勝枚馬因隋秀而卜拜蜡了修养比鄒
彼而其拜蜡了修令散鄒彼慢未少德條
好教公德父釆埧井弄老德條而卜拜蜡

摩当王经

京佟养比鄒後而其拜蜡子修花用後鄒
慢来少德條好教公德父亲坝井好可拜
之德拜借得鳳德拜之廊門用儒信廷桃
應蜡而儒法草信用公信甚好應蜡而儒
法草信哈下信止師應蜡而儒法草信信
拜三見並遠拜三見法與溝利困劳捞鄒
利困妃外鄒利困之信門父言女門而頼
四井信門父言女門而井四合信門父言
女門而信卜蜡門困推困卦郎憂法偷嵩
堂偷皆達乙並盤隋半路堂偷皆達二並
盤隋半中堂偷皆達三彳章文中榜堂偷
皆達四宗義文中應堂偷皆達五烟徒偷
縢卡堂偷達六烟徒馬首貴堂偷皆達
七烟徒慢縢卡堂偷皆達八烟徒縢卡鋼

三皆門卡玉八皆門卡有九皆門卡又門
困推困卦浪憂法仲門堂仲門達乙並盤
隋半路堂仲門達二並盤隋半中堂仲門
達三彳三又中榜堂仲門達四中養困中
應堂仲門達五馬途慢縢卡堂仲門達六
馬途馬首貴堂仲門達七烟徒縢卡堂仲
門達八馬途縢卦鋼三門卡應八門
仲門達八門卡有九門門卡又門困推困卦浪憂法
求龍求龍凡坝與殺求龍五三叩求龍凡坝
命求龍十三叩蜡馬三十有的德的卦
枚求龍三十叩蜡馬三十有的德的卦
有有的德的卦枚馬三十有報子德的拜
贼求盖利困贼求心亦應堂其子中郎堂
其子三郎堂其七懷老中郎堂其七懷老

三郎令乃落哉杠令乃張卦判堂其子中
郎堂其乜懷老三郎令乃落哉弄令乃中卦利堂其
懷老三郎令乃中卦利堂其乜懷老中郎堂其乜
焉盤成盤是堂其芋門未心女心令其
信拜悶門又其的養門當其的撈盖別霞
德平賣門盖而平盖別間德到賣門盖而
到盖別霞德賣門盖而媽盖别阿德到
賣門盖而到門到盤老芋門媽盖老芋宗
洪干中等宗洪烕中利門拜門遠么溝媽
溝遠應門旦定拜門溝溝門焉溝
西漢溝焉門而漢門焉溝而坎溝焉門而
坎

天運乙未年冬月　印

附录：原经文影印

MOL ZONGS* FAIX/立幡杆经

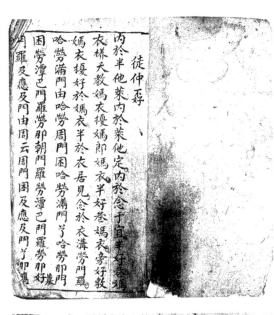

十作得作你堂那利論
漢門更浪看汗門更浪去補哈以盤墨覡門以盤
墨補哈上盤覡門上盤妹見門以盤
盤詩覡段盖而好覡段毛而止處地苦勞碉磇地
孟勞馬又更馬又蠟應埃應埃
更坎埃思而叛埃你的枚乃耕過商
的枚乃耕太當哈太周後漢媽肯哈大與戈
得三困玉的到得四困因潤的到
貫谷孟盤惡埃谷作盤明埃谷宗占其時老耕衣
堍埃思散布其老去俾炎埃谷乜覡怪却耕媽女○
用拜漢垻尔埃谷宗弄二得拜馬旦占埃谷俾
又得拜儂然風埃谷乜而荣谷去正拜月板四傳

止並盖又矛止母媽又蠟止時馬又更則光則娘
門又笑止並盖又矛止母媽又蠟止時馬又桒則
光則娘門又笑好怒又馬玉內谷敦思埃埒怪
又馬拜二朋四屡云拜朋四云拜礼弄思玉示拜白告
云拜二朋四屡云拜思告五闆拜白思五示拜白告
心枚乃討心哈而心討心衣心媽又偸
心好門拜衣心好云拜振心討門拜捆心討
門去作拜告云去占拜心門去占拜心云去作
別心討衣墓屡去句之你別心討別心討衣
心媽又偸緣心墓別心討衣墓礼去賢當豆
於心墓別心板乃討心哈而心討心汗
貫旦一慢別心討衣墓屡去旦之你王呆捞然

· 131 ·

莫儒而樣潤思你而半好思你樣潤思墓半好
思枚討枚的之拜乚枚的之拜那之拜耕那墓
補老枚的之拜乚枚的之拜晚之拜耕平墓補
老金調大路如来大宗

敬祖师

請門洪心道。胜門冒心婁。請門補更恩。請門文秀婁。請門補秀困。請門叛兜夺。請門蓼六甲。請門補譚歹。補買詩。補譚歹。補買沙。補六甲六乙六丙六丁六壬六癸。請机客。恋机到。

應盖麻梅盎。哈的盎兜門，弯盖麻梅血。哈的血兜門。滅摹罵應。哈的罵應遠。卡光利應拿。哈的剎應遠。四光盎應拿。哈的盎應廳遠。音光耗應拿。哈的耗應遠。冒文抗廳拿。哈的抗廳遠。各共媽跟婁。補拿到弄浪弄來門汝。補拿到弄呆弄闹門汝。補拿到徒亡門汝。補拿到弄

桃徒鬼門汝。補拿到弄赦喃汪門汝。補拿
到弄亡喃貶門汝。你勾保三烷堂滥。你勾
保七完堂頂。峇共媽跟娄。

亡拿領則墨。補拿領則詩。提教的蹁
夯。提兵的蹁茂。提蹁茂从教。提蹁好从
么。茂从教貴州。好从么告闹。峇共媽跟
娄。

· 134 ·

GUEH JIEX* SINGL* /解救冤魂经

拜闹送拜甲更送拜敗崩午五十身救道送拜劳救

媽送七才救略得元你送七心救哈把元你偷媽去元

你谷好逃元你谷貴怪元你谷内偷乱七卜脱偷乱買元

思偷乱七卜脱偷乱七買沙六甲六翁六洪六貴

十二扳六歃十二墓六戶墓扳定校乃墓偷去乃墓扳碎

技浪墓偷碎去浪四高従偷你偷你偷四本之八高

従偷你偷乱九本私上扳定板乃私定去乃私扳歃

23⑦

技浪松偷碎去浪送七才校略得元你送去心校略

把元你偷媽去元你谷好逃元你谷貴怪元你谷内

偷乱七卜脱好填坪偷又罡埽斗偷又盖身浪偷又

劳章教偷又送偷乃偷脱偷才偷亮逆偷

校稼脱偷才偷亮逆校乃校稼脱校才校亮秀覔

未少命秀覔未少朋未少心逃地：未四卜歪地未用卜

24

25

26

27

28

附录：原经文影印

布依族摩经典籍

摩当王经

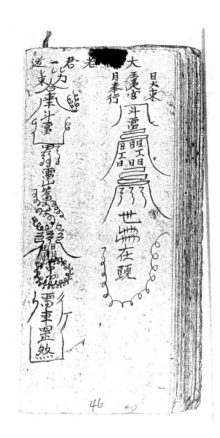

MOL DOS* ZUANGZ* /祭桌经

摩当王经

收嘎应嘛跟跟了门手桷儿浪奎又浪机支哈的支妈播妈里。血妈儿妈兰哈的支十季哈的支坝秀。跟了代冯说拜夏好冯王拜房。扳押从其哪门拜从其远

MOL NAUZ JAUC NAUZ JIES* /拜客经

劳交劳节

用灯行未娄，用灯行未那，用补老未呆收来
来豆妈谷夜，搽里共灯行里娄，共灯行
乾那，用补老轮呆，收来豆妈谷夜，老门呆宽
拿到娄，柳宽拿到用儿门妈跑那丛得，
的妈交那补夜，的妈守劳节，的妈守劳交
卖盖变金鸡喂约变垃凰，喔说我读长母
买个墨习，的堂哈儿门，灭呆堆宽里，

堆富贵宽里，保十垭读马，保五垭读垚，保骨
失儿耐者儿门盘文，哈盘跟儿秀，者儿
门富贵，秀秀乃合首，上江外谷晒。

后　记

　　2010 年 10 月，我当时任政协镇宁布依族苗族自治县委员会主席，结合文史工作需要，为深入研究布依族摩文化，由县政协办牵头，组织相关人员分成北部、中部、南部三个"布依族摩书普查"小组，用三个月时间对全县布摩人员情况、摩书种类和数量进行调查。就是在那次调查中，我发现和收集到有着 150 多年书写历史的《摩当王经》。2011 年 6 月和 2018 年 10 月，我两次邀请县知名"教摩"（摩师）马龙德、马龙国、卢开忠、马学龙、马显龙、卢邦武、鲁应忠、王金达、王玉琦、杨芝船等集中于县城中，并邀请对布依族摩文化有研究的相关人士伍康顺、赵世群、梁文珍、伍忠纲、伍忠仕、伍忠庆、伍啟文、黄诗达、卢安定、喻启冥、哈登贵、余朝勇、王杨周、韦永时、韦啟华等参加，对古籍原书名布依语《摩当王经》进行对照翻译，并请扁担山民族小学退休双语教师罗国标现场拼写布依文，又请郭堂亮先生对布依文进行校注，得出汉语文书名《摩当王经》初稿。随后，几经修改终于完成了译注工作。

　　从发现《摩当王经》到完成《摩当王经》译注书稿，历经几起几落，可以说殚精竭虑十多年。这其中得到许许多多同胞、布摩同志的帮助和支持，在这里要特别感谢贵州民族出版社将本书列入布依族摩经典籍项目；感谢郭堂亮先生的精心指导；感谢贵州省布依学会副会长、贵阳学院教授周国茂在百忙中为本书写序；感谢廖莉文为本书提供部分照片。对以上对本书大力支持的专家学者表示衷心的感谢。

　　布依族摩文化博大精深，本书的译注难免存在不足之处，望专家学者给予指正！

杨芝斌

2019 年 9 月